TIERE & PFLANZEN
entdecken

Naturführer für Kinder

Inhalt

 **EINLEITUNG 8**

 **BÄUME, STRÄUCHER, BLÜTENPFLANZEN 10**

 **INSEKTEN, SPINNEN UND ANDERE KLEINE TIERE 38**

 **FISCHE, LURCHE, KRIECHTIERE 84**

 VÖGEL **94**

 SÄUGETIERE **140**

 TIERSPUREN **154**

 STICHWORTVERZEICHNIS **156**

Einleitung

Naturforscherinnen und Naturforscher aufgepasst!

Sicher bist du schon in der Natur unterwegs gewesen und kannst einen Nadelbaum von einem Laubbaum unterscheiden. Und du weißt, wie ein Marienkäfer aussieht und dass Frösche quaken. Doch weißt du, warum viele Schmetterlinge eine Augenzeichnung auf den Flügeln haben? Oder wie du die Vögel an ihren Stimmen erkennen kannst? Oder woher der Siebenschläfer seinen Namen hat? In diesem Buch erfährst du Interessantes über unsere heimischen Pflanzen, Insekten, Fische, Vögel und Säugetiere. Mit Geduld und genauer Beobachtung kannst auch du sie erkennen und sicher bestimmen.

Erkennungsmerkmale

Wenn du beginnst, die Natur genau zu beobachten, wirst du feststellen, dass es viele Merkmale gibt, die dir helfen, die Pflanzen und Tiere zu bestimmen: Form, Farbe, Größe und Gestalt der Blütenpflanzen und Bäume, Fell- oder Gefiederzeichnung sowie die Lautäußerungen der Tiere und ihr Lebensraum. Wann und wo kannst du welche Tiere beobachten? Triffst du sie am Tag oder abends und nachts? Im Wald, auf Feldern und Wiesen, am Teich, am See oder Bach? Alle diese Informationen helfen dir, die verschiedenen Tiere und Pflanzen zu bestimmen.

AHA! Für alle verständlich

Jedes Tier und jede Pflanze hat einen lateinischen Namen, den die Wissenschaftlerinnen und Wissenschaftler auf der ganzen Welt verstehen.

Du findest den lateinischen Namen neben dem deutschen Namen.

Lass dich nicht verwirren

Es gibt Tiere, die ein ganz einzigartiges Verhalten zeigen, sodass du sofort weißt, um wen es sich handelt, z. B. beim Kleiber: Er kann als einziger Vogel den Baumstamm hinunter laufen. Und viele Tiere sind Meister der Tarnung. Wenn du aber weißt, worauf du achten musst, wirst du auch diese Tiere mit Leichtigkeit entdecken.

Spuren lesen

Fußabdrücke im Schlamm, die Form der Nester im Schilf oder Kotspuren geben dir Hinweise darauf, wer hier unterwegs ist. Das ist besonders aufschlussreich bei den nachtaktiven Tieren, die du bei Tage nie beobachten kannst. Auf den Seiten 154–155 findest du einige Tierspuren: Schau genau, vielleicht entdeckst du solche Spuren auf deinen Streifzügen!

Halte Abstand

Denke stets daran, die Tiere nicht zu stören oder zu berühren und keine Pflanzen zu pflücken oder zu zertreten. Bleibe auf den Wegen, und sei ganz leise. Damit du trotzdem alles gut beobachten kannst, nimmst du am besten ein Fernglas und eine Lupe mit auf Entdeckungstour.

Vogelstimmen anhören

Zu jedem Vogel findest du einen QR-Code im Buch abgedruckt, mit dem du die Gesänge anhören kannst. Und so geht's:
- Installiere mithilfe deiner Eltern eine App zum Scannen von QR-Codes auf dem Smartphone oder Tablet.
- Starte die App und scanne den QR-Code aus dem Buch.

Tipp: Bei neueren Smartphones kannst du den Code auch einfach mit deiner Smartphone-Kamera scannen.

Über diesen Link kannst du die Vogelstimmen auch direkt am PC oder Laptop abspielen und kostenfrei herunterladen:
http://more4u.online/tRN

BÄUME, STRÄUCHER, BLÜTENPFLANZEN

Tanne

Weißtanne, *Abies alba*

Woran erkennst du sie?
Die Tanne hat eine weißgraue Rinde oder Borke. Deswegen heißt sie auch Weißtanne. Tannennadeln stechen nicht, sind dunkelgrün und flach. Sie sitzen unmittelbar am Zweig. Die Zapfen der Tanne stehen immer aufrecht; sie zerfallen am Baum und fallen nie ganz ab wie bei der Fichte.

Wo kommt sie vor?
Tannen werden 30 bis 50 Meter hoch und 500 Jahre alt. Die meisten Tannen wachsen im Schwarzwald, im Bayerischen Wald und im Thüringer Wald. Leider ist die Tanne durch die Waldschäden selten geworden. Am liebsten lebt sie mit der Buche zusammen und bildet mit ihr Mischwälder.

Von ihrem Nutzen
Tannen haben tief reichende Wurzeln. Sie fallen deswegen kaum jemals um und schützen dadurch den Bergwald. Ihr helles Holz wird gern als Bauholz und für Möbel genutzt. Den berühmten Tannenhonig sammeln die Bienen nicht etwa von den Tannenblüten, sondern aus Honigtau: das ist nichts anderes als süßes Blattlauspipi!

Der Weihnachtsbaum, den viele Menschen sich zu Weihnachten ins Wohnzimmer stellen, ist meistens eine Tanne, allerdings die Nordmanntanne aus dem Kaukasus. Sie wird in eigenen Plantagen gezüchtet.

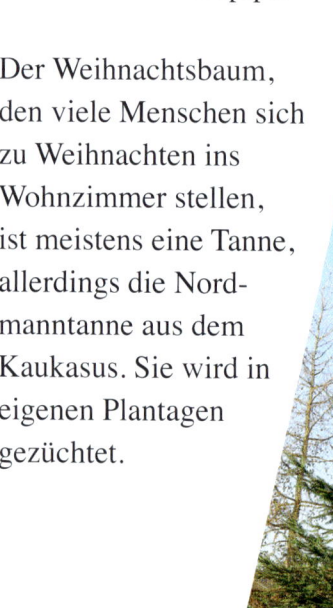

Fichte

Rottanne, *Picea abies*

Unser häufigster Baum

Vor rund 200 Jahren kam die Fichte nur an wenigen Stellen im Gebirge vor. Sie wächst ziemlich schnell. Schon nach 80 Jahren kann man den Baum fällen. Sein Holz wird als Bauholz sehr geschätzt. Deshalb beschlossen Forstleute, die Fichte auch im Flachland, außerhalb der Gebirge anzupflanzen. Eine solche Anpflanzung nennt man Forst. Die Bäume in einem von Menschen angepflanzten Forst stehen oft sehr gerade in einer Reihe. Man spricht dabei von „Monokulturen". In solchen Fichtenforsten leben nur wenige andere Pflanzen- und Tierarten.

Sie fällt leicht um

Die Wurzeln der Fichte reichen nicht besonders tief in die Erde. Bei Stürmen fallen deshalb sehr viele Fichten einfach um. Man nennt das „Windwurf". An manchen Stellen pflanzt man nun statt des langweiligen Fichtenforsts einen schönen Mischwald an.

Woran erkennst du sie?

Wegen ihrer schuppigen rotbraunen Rinde oder Borke heißt die Fichte manchmal auch Rottanne. Die größten Fichten werden bis zu 60 Meter hoch. Die Nadeln sind vorn zugespitzt und stechen. Schneidest du eine Fichtennadel durch, kannst du in ihrem Querschnitt erkennen, dass sie viereckig ist. Die reifen Zapfen hängen herab und fallen als Ganzes hinunter auf den Boden.

Kiefer

Waldkiefer, Föhre, Forche, *Pinus sylvestris*

Ihr Lebensraum
Fast in jedem unserer heimischen Mischwälder wachsen einzelne Kiefern. Am liebsten sind ihr aber sandige und trockene Böden. Da ihr Holz für Möbel sehr geschätzt wird, haben Forstleute sie auch an Orten gepflanzt, wo sie von Natur aus nicht in größerer Anzahl wachsen würde.

So sieht sie aus
Viele Kiefern haben einen langen Stamm, an dem die unteren Äste abgestorben sind. Erst oben an der Spitze des Baumes wächst eine schirmförmige, halbkugelige Krone. Andere Kiefern sehen eher etwas zerzaust aus. Die 4 bis 8 Zentimeter langen Nadeln wachsen immer zu zweit in einer gemeinsamen Hülle. Die Rinde oder Borke alter Kiefern besteht aus groben Schuppen, von denen sich dünne Platten ablösen. Die Zapfen sind klein und fast kugelig.

Verwandte Arten
Im Gebirge leben zwei Verwandte der Waldkiefer. An der Waldgrenze kannst du häufig Latschenkiefern entdecken. Sie wachsen als niedrige Sträucher und bilden ein undurchdringliches Gewirr. Ebenfalls weit oben im Gebirge kommt die Zirbelkiefer oder Arve vor. In ihren Zapfen wachsen die Zirbelnüsse heran, die man zum Kuchenbacken verwenden kann, ganz ähnlich wie die Pinienkerne aus dem Mittelmeergebiet.

Buche

Rotbuche, *Fagus silvatica*

Wenn Buchen blühen

Die Buche blüht im Mai. Aber das fällt kaum jemandem auf, weil sie wie die meisten anderen Bäume unscheinbare Blüten hat. Sie locken keine Insekten an. Die Buche lässt sich vielmehr vom Wind bestäuben. Dazu erzeugt sie ungeheure Mengen an Pollen. Der leiseste Luftzug überträgt sie auf die weiblichen Blüten. Diese entwickeln sich danach zu den Bucheckern. Sie enthalten ein leichtes Gift. Deshalb darfst du sie vor allem nicht roh essen.

Rotbuche und Blutbuche

Die Buche hat eine glatte, silbergraue Rinde. Ihre Blätter sind dunkelgrün, fast etwas ledrig mit glattem Rand. Die Bezeichnung Rotbuche geht wohl auf das leicht rötlich schimmernde Holz zurück. Die Blutbuche ist nichts anderes als eine Rotbuche mit dunkelroten Blättern, eine besondere Form, die man gern in Parks anpflanzt.

Das Buchenholz

Das meiste Buchenholz wird im Kamin verfeuert. Man verarbeitet es auch gern zu Parkett, weniger oft zu massiven Möbeln, weil es leicht reißt. Aber wenn man Buchenholz kocht, wird es biegsam. Das weiche Holz kann man dann in eine Form spannen und trocknen lassen. Es behält die Form, in die es gebogen wurde. So lassen sich aus Buchenholz zum Beispiel Stühle mit hübsch gebogenen Beinen herstellen.

Eiche

Stieleiche, Deutsche Eiche, *Quercus robur*

Wo kommt sie vor?

Eichen kannst du bei uns häufig entdecken, und das typisch gelappte Eichenlaub ist zum Beispiel auf der Rückseite unserer Centmünzen abgebildet. Eichen können fast überall wachsen. Aber da sie viel Licht brauchen, bilden sie nur selten dichte Wälder. Am häufigsten stehen sie vereinzelt in der Landschaft oder in hellen Mischwäldern. Eichen können sehr alt werden, bis zu 1.000 Jahren. Die meisten Eichen, die du siehst, sind aber nur ein paar Hundert Jahre alt. Sie bilden eine mächtige Krone mit vielen, ausladenden Ästen. Viele Insekten lieben Eichen. Die mächtigen Bäume dienen ihnen als Lebensraum. Man hat in einer Krone schon bis zu 1.000 Arten gezählt.

Was sie uns liefert

Aus Eichen lassen sich prima Möbel bauen. Da Eichenholz wertvoll und teuer ist, wird beim Möbelbau manchmal ein wenig geschummelt. Dazu werden dicke Eichenstämme mit riesigen Messern in millimeterdünne Scheibchen geschnitten. Die dünnen Holzblätter werden dann auf weniger wertvolles Holz geklebt und man bekommt sogenanntes Eichenfurnier. In Jahren mit vielen Eicheln trieben die Menschen früher ihre Schweine in den Wald, die dort die Früchte genüsslich verspeisten. Dem Menschen dienten die Eicheln nur in Notzeiten als Nahrung, weil sie sehr bitter schmecken und erst behandelt werden müssen.

Birke

Hängebirke, Weißbirke, *Betula pendula*

Woran erkennst du sie?

Die Birke ist ein schlanker, eleganter Baum, den du sofort an seinen dreieckigen Blättern und an der weißen Rinde erkennst. Birkenrinde brennt immer, sogar bei Regen. Früher haben Menschen auch auf Birkenrinde geschrieben. Forscher fanden Texte auf Birkenrinde, die aus dem 10. Jahrhundert stammen. Da ihre helle Rinde auch im Dunkeln gut zu erkennen ist, wurde sie früher gern an vielbefahrenen Kreuzungen als Markierung gepflanzt.

MACH MIT! Lausch-Abenteuer

Im Winter ziehen sich die Baumsäfte der Birke in ihre Wurzeln zurück. Sobald es im Frühling wärmer wird, erwacht die Birke wieder zum Leben.

Wenn du dein Ohr an die dünne Rinde legst, kannst du sogar hören, wie der Baum wieder munter wird. Gluckernd und glucksend fließen die Baumsäfte aus den Wurzeln durch den Stamm hinauf in die Baumkrone.

Extremstandorte

Die Birke wächst nicht gern neben anderen Bäumen, denn auf normalen Böden ist sie anderen Baumarten unterlegen, und sie nehmen ihr das Licht weg. Deswegen kommt sie nur an Extremstandorten vor, etwa Mooren und mageren Wiesen. Dort können kaum andere Bäume wachsen. Birken brauchen viel Wasser, an einem heißen Sommertag rund 400 Liter! Das Wasser verdunstet über die Blätter in die Luft, und die Birke saugt mit ihren Wurzeln ständig neues Wasser aus dem Boden bis in die Spitze des Baumes.

Weide

Silberweide, Trauerweide, *Salix alba*

Eine große Gattung

Wo es viel Wasser gibt, stehen auch immer ein paar Weiden. Zur Gattung der Weiden zählen bis zu 30 Meter hohe Bäume, aber auch Sträucher und Zwergsträucher, die nur ein paar Zentimeter hoch werden. Die Silberweide erreicht eine Höhe von 30 Metern. In Strauchform tritt sie seltener auf. Man erkennt sie an der tief gefurchten, grauen Rinde und den besonders an der Unterseite silbrig behaarten, schmalen Blättern.

Kätzchen

Alle Weiden blühen recht früh im Jahr. Ihre kleinen, kugeligen Blüten werden Kätzchen genannt. Wenn du ein solches Kätzchen vorsichtig berührst, merkst du schnell, woher der Name kommt. Die Blüten sind weich und flauschig, fast wie ein Katzenfell. Die früh blühenden Kätzchen sind besonders wichtig für manche Insekten wie Bienen, Hummeln und Eulenfalter, denn sie finden dort ihre erste Nahrung.

Holz und Rinde

Weidenholz ist sehr weich und eigentlich nur als Brennholz zu verwenden. Die Zweige mancher Weidenarten sind biegsam, sodass man mit ihnen zum Beispiel Körbe flechten kann. Einst verwendeten die Menschen Weidenrinde als Medizin gegen Schmerzen, Entzündungen und Fieber. Aus der zerstoßenen Rinde wurde ein Tee für Kranke zubereitet. Das Getränk half zwar, schmeckte aber sehr bitter.

Lärche

Larix decidua

Zapfen stehen aufrecht an kurzen Stielen am Zweig. Lärchen lieben Berge. Besonders in den Alpen findest du ausgedehnte Lärchenwälder.

Wertvolles Holz

Die Lärche wird bis zu 600 Jahre alt. Ihr Holz ist gegenüber Wind und Wetter sehr beständig. Auch heute noch verwendet man es vor allem draußen: für Zäune, Brücken, Fassaden und Fensterläden. Ein Teil von Venedig steht auf Lärchenstämmen. Schon seit Jahrhunderten halten die Stämme dem Wasser stand. Aus Verletzungen des Stammes fließt eine Art Öl, das „Venezianische Terpentin". An der Luft wird es zu festem Harz.

Nur im Sommer grün

Nadelbäume sind auch im Winter grün. Sie behalten ihre Blätter, die Nadeln, auch in der kalten Jahreszeit und werfen sie im Herbst nicht ab. Ihre Nadeln werden einige Jahre alt und fallen erst dann nach und nach zu Boden. Eine Ausnahme bildet die Lärche. Sie verhält sich wie ein Laubbaum und verliert ihre Nadeln im Herbst. Sie ist nur im Sommer grün. Bis zu 30 Lärchennadeln wachsen zusammen in einem Bündel, daran kannst du die Lärche gut erkennen. Ihre kleinen, eiförmigen bis kugeligen

MACH MIT!

Zapfen-Mäuse

Aus Lärchenzapfen lassen sich putzige Mäuse basteln. Klebe eine Haselnuss als Mäusekopf an den Zapfen. Mit einem dünnen schwarzen, wasserfesten Stift malst du ein Gesicht. Breche vorsichtig Schuppen aus einem Zapfen, und klebe sie als Ohren an den Kopf. Zuletzt bekommt deine Maus ein Wollfaden-Schwänzchen.

Erle

Schwarzerle, *Alnus glutinosa*

Woran erkennst du sie?

Die Erle liebt die Nähe des Wassers, und sie kommt gern in zeitweilig überschwemmten Wäldern vor, den Bruchwäldern. Typisch sind folgende Merkmale:

- die Blätter sind oval und lang gestielt
- die Blüten, Kätzchen genannt, erscheinen vor den Blättern
- sie werden vom Wind bestäubt
- die jungen Triebe sind klebrig
- die Rinde ist grauschwarz
- die Samen sitzen in verholzten kleinen Zapfen
- die Früchte sind geflügelte oder ungeflügelte kleine Nüsschen

Rötliches Holz

Aus Erlenholz stellt man Möbel und Bleistifte her. Wasser macht Erlenholz nichts aus. Die Altstadt von Amsterdam ruht zum größten Teil auf Erlenpfählen, die man als stabilen Untergrund in den weichen Boden gerammt hat. Auch Gitarren werden oft aus Erlenholz gebaut.

Die Bezeichnung Schwarzerle geht darauf zurück, dass man früher mit ihrer Rinde Leder dunkel färbte. In der Naturheilkunde setzt man die Rinde zur Behandlung von Fieber oder bei Entzündungen im Mundbereich ein.

Verwandte Arten

Bei uns kommen noch zwei weitere Erlenarten vor. Die Grünerle wächst strauchförmig und ist in den Alpen verbreitet. Die Grauerle wächst als Strauch wie als Baum und ist in ganz Europa zu Hause. Du erkennst sie an den vorn deutlich zugespitzten Blättern.

Brombeere

Rubus fruticosus

Keine Beeren

Biologen bezeichnen Brombeeren nicht als Beeren, sondern als Sammelsteinfrüchte. Jede Brombeere setzt sich aus kleinen einzelnen „Mini-Beeren" zusammen, in denen sich ein winziger Kern, Stein genannt, befindet. So wie bei einer Kirsche, nur sehr viel winziger. Bei der Brombeere und der Himbeere liegen viele solcher Steinfrüchtchen beieinander.

Eine feine Familie

Die Brombeere gehört zu einer Pflanzenfamilie, die viele Nutzpflanzen hervorgebracht hat: den Rosengewächsen. Auch Apfel und Birne, Pflaume und Zwetschge, Aprikose und Pfirsich sind Rosengewächse, und wir lassen uns die Früchte als Obst schmecken. Die Namen gebende Rose ist vor allem eine Zierpflanze, aber man kann auch deren Früchte essen, die Hagebutten. Die meisten Rosengewächse erkennst du an ihren Blüten, denn sie haben fünf grüne Kelchblätter und fünf farbige Kronblätter.

Vorkommen

Brombeeren kennt jeder, und wer sie schon einmal gepflückt hat, weiß, was den Brombeerstrauch weiter auszeichnet: die vielen Stacheln. Man kann sich in den kletternden Ranken des Strauches richtig verheddern. Etwas harmloser sind die Zweige der sonst nahe verwandten Himbeere. Beide Sträucher kommen vor allem an Waldrändern vor.

Scharbockskraut

Ranunculus ficaria

Ein Frühblüher
Die ersten gelben Flecken im Frühjahr auf feuchten Wiesen und in lichten Wäldern sind die Blüten des Scharbockskrauts. Sein eigentümlicher Name erinnert uns an eine heute fast verschwundene Krankheit namens Skorbut.

Vitamin C
Ein Mensch, der an Skorbut litt, hatte zu wenig Vitamin C. Wir können uns heute kaum mehr vorstellen, wie eintönig man sich früher besonders im Winter ernährte. Es gab fast ein halbes Jahr lang kein frisches Gemüse und kaum Obst. Bald waren die Reserven des Körpers an Vitamin C aufgebraucht. Die Menschen fühlten sich schwach, bekamen Durchfall und Fieber und ihnen vielen die Zähne aus. Dagegen half im zeitigen Frühjahr das Scharbockskraut. Seine Blätter enthalten viel Vitamin C. Trotzdem wird die Pflanze heute kaum mehr gegessen, weil sie auch leicht giftig ist.

Ausbreitung
Um sich zu vermehren, braucht das Scharbockskraut keine Insekten, die seine Pollen von Blüte zu Blüte tragen. Dem Scharbockskraut wachsen in den Achseln der Blätter, also der Stelle, wo die Blätter am Stiel der Pflanze sitzen, sogenannte Brutknöllchen. Das sind Knospen, die nach dem Abfallen Wurzeln und somit eine neue Pflanze ausbilden.

Buschwindröschen

Anemone nemorosa

Schwieriges Leben

Kleine, niedrig wachsende Pflanzen haben es nicht leicht im Wald. Die meiste Zeit leben sie am Waldboden im Dunkeln, weil das Laub der Bäume ihnen das Licht wegnimmt. Nur im zeitigen Frühjahr bekommen sie volles Licht, weil die Bäume und Sträucher noch keine Blätter haben. In dieser Zeit blüht das Buschwindröschen. Das Pflänzchen mit den leuchtend weißen Blüten ist eine der bekanntesten Frühlingspflanzen im Wald. Bei kühlem Wetter oder nachts klappt die kleine Pflanze ihre Blüten zum Schutz zu.

Leberblümchen und andere Anemonen

Zusammen mit dem Buschwindröschen blühen noch andere Kräuter im Wald, etwa das wundervoll hellblaue Leberblümchen oder das Gelbe Buschwindröschen. Sie gehören alle zu den Anemonen, die als Zierpflanzen in vielen Gärten stehen. Weitere Frühlingsblüher in unseren Wäldern sind das Scharbockskraut, der Märzenbecher, der Bärlauch und der Lerchensporn.

Zusammenleben mit Ameisen

Jedes Buschwindröschen bekommt nur eine Blüte. Nach der Bestäubung durch Wind oder Insekten entstehen aus der Blüte ungefähr 15 Nüsschen, die bei Ameisen als besonderer Leckerbissen beliebt sind. Die Ameisen transportieren die Früchte in ihren Bau und tragen so zur Verbreitung der Pflanze bei, denn aus den Nüsschen, die nicht verspeist werden, wachsen neue Pflanzen.

Sumpfdotterblume

Butterblume, Dotterblume,
Caltha palustris

Nach der Befruchtung wirft die Blüte ihre gelben Blütenblätter ab, und jedes Fruchtblatt wächst zu einer Frucht heran. In der Regel sind es rund neun Früchte, die einen sternförmigen Fruchtstand bilden. Bei Regen öffnen sich die reifen Früchte, und die Samen werden durch Regentropfen herausgeschwemmt. Die Dotterblume nutzt also den Regen, um sich zu verbreiten. Die Samen schwimmen durch Luftkammern übrigens auf Wasser.

Rückgang

In manchen Gebieten ist die Sumpfdotterblume bereits gefährdet. Einer der Gründe dafür ist, dass immer mehr Kühe auch im Sommer im Stall gehalten werden. Um die Kühe im Stall mit Futter zu versorgen, muss mehr gemäht werden. Das geht leichter, wenn die Wiesen möglichst eben sind. Deswegen planierten viele Bauern ihre Wiesen. Dadurch verschwinden aber Rinnen und Senken, in denen die Dotterblume wächs.

Fortpflanzung

Sattgelb sind die Blüten, wie der Vergleich mit Butter und Eidotter vermuten lässt. Insekten, die ultraviolettes Licht wahrnehmen, wie Bienen und Schwebfliegen, sehen in der Blütenmitte eine andere Zeichnung. Solche Saftmale sollen Bestäuberinsekten anlocken.

Seerose

Weiße Seerose, *Nymphaea alba*

Geschützte Art

An der Wasseroberfläche sind von der Seerose zunächst nur die rundlich-herzförmigen Blätter zu sehen. Sie fühlen sich ledrig an. Von Mai bis August öffnen sich die einzeln stehenden Blüten. Die hübschen Seerosen blühen meist weiß, rosa oder in leuchtendem Pink. Auch gelbe und violette Blüten kommen vor.

Die bis zu 2 Meter langen Stiele der Seerosen befinden sich unter Wasser. Am Gewässerboden hat die Pflanze sich mit einem knollenförmigen Wurzelstock verankert. Wo Seerosen vorkommen, ist der Weiher somit nicht tiefer als 2 Meter. Die berühmteste Verwandte der Seerose ist die Lotosblume, die in manchen Religionen als Zeichen für Schönheit, Weisheit und Reinheit verehrt wird.

Mitbewohner

In den herzförmigen Schwimmblättern der Seerose lebt die Raupe eines Schmetterlings, des Seerosenzünslers. Ist die Raupe ein wenig älter, schneidet sie aus dem Blattrand zwei gleich große, eiförmige Stückchen aus, die sie zu einem Sack zusammenwebt, in den sie hineinkriecht. In dieser Zeit atmet sie unter Wasser durch die Haut. Am Ende seiner Zeit als Raupe verpuppt sich der Seerosenzünsler in seinem Blättersäckchen. Dazu befestigt er den Sack unter Wasser am Stängel der Seerose und spinnt in komplett zu. In diesem Kokon verwandelt die Raupe sich in einen Falter. Beim Schlüpfen trägt eine Luftblase, die das Insekt umgibt, den fertigen Falter sicher an die Wasseroberfläche.

Rohrkolben

Breitblättriger Rohrkolben, Kanonenputzer, *Typha latifolia*

Dicht gedrängt

An seichten Stellen in Weihern, in Sümpfen und Gräben wachsen oft dichte Bestände von Schilfkolben. Sie sind mit den Gräsern verwandt, und du kannst sie leicht an ihren braunen Kolben erkennen. Jeder Rohrkolben beherbergt männliche und weibliche Blüten. Die weiblichen Blüten bilden einen dicht gedrängten Blütenstand, einen Kolben. Darüber stehen die ebenso winzigen männlichen Blüten in einem zweiten Kolben. Dieser vergeht nach der Blüte. Übrig bleibt nur der rotbraune weibliche Kolben. Im Herbst trägt der Wind dessen silbrige Flugsamen davon. Der Breitblättrige Rohrkolben kommt fast auf der ganzen Welt vor.

Nutzen

Früher haben Menschen die nahrhaften Wurzeln der Rohrkolben gegessen, vor allem in Notzeiten. Heute allerdings sind Rohrkolben geschützt. Man darf die dekorativen Kolben auch nicht mehr sammeln, um sie in Trockenblumensträußen zu verwenden. In Kläranlagen werden Rohrkolben gepflanzt, weil sie zusammen mit den Kleinstlebewesen an ihren Wurzeln Abwässer zuverlässig reinigen. Als nachwachsender Rohstoff werden sie für Dämmstoffe oder als Heizmaterial genutzt.

Schilf

Schilfrohr, *Phragmites australis*

Ein Riese ...

Unser Schilf wird 2 bis 4 Meter hoch und ist das größte heimische Gras. Es kommt überall am Rand von Gewässern bis ein Meter Wassertiefe vor, auch in Wiesen und Auwäldern kannst du Schilf entdecken. Schilf ist keine gefährdete Art. Aber an den Ufern unserer Seen gehen die Schilfgürtel immer mehr zurück, sodass man von einem Schilfsterben spricht. Die wirklichen Gründe dafür sind noch unbekannt.

... mit viel Nutzen

Schilfrohr wird im Spätherbst und Winter geerntet. In Norddeutschland heißt es Reet, und man deckt damit Häuser. Ein Reetdach hält 30 bis 50 Jahre, und das zeigt, wie widerstandsfähig Schilf ist. Es nimmt nämlich kaum Feuchtigkeit auf und verrottet nicht. Aus Schilf stellt man auch Matten oder Platten zur Wärmedämmung her. Alte Häuser haben oft Schilfmatten als Träger für den Putz.

Das Röhricht

Große Bestände an Schilfrohr, Rohrkolben und anderen grasartigen Pflanzen nennt man „Röhrichte". Sie stellen einen bedeutenden Lebensraum für viele Tiere dar. Dort nisten zum Beispiel Blässhuhn und Teichhuhn. Rohrsänger und die Rohrammer legen ihre Nester in den Halmen an. Im seichten Wasser können sich verschiedene Amphibien- und Insektenarten entwickeln, vor allem Libellen.

Wasserlinse

Entenflott, Entengrütze, *Lemna minor*

Eine Blütenpflanze

Die Wasserlinse ist eine der merkwürdigsten Blütenpflanzen. Im Gegensatz zu anderen Pflanzen, ist sie nicht in Blätter und Stängel unterteilt. Was wir bei genauem Hinsehen als „Blättchen" erkennen, sind genau genommen Sprossglieder. Sie enthalten luftgefüllte Hohlräume, sodass die Pflanze obenauf schwimmt. Eine winzige Wurzel nimmt Wasser und darin gelöste Salze auf. Blüten treten extrem selten auf und sind so winzig klein, dass du sie mit bloßem Auge nicht sehen kannst. Wasserlinsen breiten sich aus, indem einzelne Sprossen von einer Mutterpflanze abfallen und dann selbstständig im Wasser schwimmen und wurzeln.

Ein Pflanzenteppich

Wasserlinsen treiben an der Wasseroberfläche und bilden einen Schwimmteppich. Dabei verändern sie die Umwelt für die anderen Lebewesen erheblich. Es dringt kaum mehr Licht und Wärme auf den Gewässerboden. Kaulquappen und Insektenlarven entwickeln sich deswegen langsamer. Andere Wasserpflanzen bekommen zu wenig Licht. Das Wasser nimmt auch weniger Sauerstoff auf. Im Herbst sinken die toten Wasserlinsen ab und verschlammen zusätzlich das Gewässer. In Mitteleuropa leben fünf Wasserlinsenarten, wobei die Teichlinse die Riesin unter diesen Zwergen ist.

Waldmeister

Galium odoratum

Duftender Teppich

Vielleicht hast du bei einem Waldspaziergang auch schon einmal diesen angenehm würzigen, süßen Duft wahrgenommen? Er stammt von einer unscheinbar weiß blühenden Pflanze, die gern ausgedehnte Teppiche bildet: dem Waldmeister. Mehrere Blätter stehen immer auf derselben Höhe des Stängels. Biologen nennen das einen Quirl.

Cumarin und Maibowle

Der Waldmeister enthält den chemischen Stoff Cumarin. Er kommt auch in Gräsern vor und verleiht dem frischen Heu seinen angenehmen Duft. Es ist eine alte Sitte, im Mai eine Waldmeisterbowle anzusetzen. Dazu nimmt man frischen Waldmeister. Aber das Getränk ist nur für Erwachsene, und auch die sollten vorsichtig sein. Denn von zu viel Cumarin bekommt man Kopfschmerzen.

Eine weitläufige Verwandtschaft

Der Waldmeister gehört zu den Labkräutern. Diese haben ihren Namen vom Lab, mit dem man bei der Käseherstellung Milch zum Gerinnen bringt. Tatsächlich nahm man dazu früher auch diese Kräuter. Das Klebrige Labkraut bleibt, wie sein Name schon verrät, überall an der Haut und an der Kleidung kleben. Es scheidet aber keinen Klebstoff aus, sondern hat an den Blatträndern rückwärts gerichtete, feinste Stacheln.

Adlerfarn

Pteridium aquilinum

Fast ein Unkraut

Der Adlerfarn ist der einzige Farn, der größere Bestände bildet. Man hat Wurzelstöcke gefunden, die über 50 Meter lang waren und älter als 1.000 Jahre. Der Adlerfarn kommt vor allem auf kahlgeholzten Waldflächen vor. Er breitet sich gern auch auf Weiden aus und wird dort sehr lästig, weil ihn die Kühe nicht fressen. Auch die Forstleute sehen den Adlerfarn oft nicht gern, weil er verhindert, dass neue Bäume nachwachsen. Der Adlerfarn ist fast auf der ganzen Welt verbreitet.

Eine merkwürdige Delikatesse

Kein Wunder, dass die Kühe den Adlerfarn nicht mögen: Er ist giftig. In Russland werden jedoch ganz junge Farnwedel, die noch eingerollt sind, gern gegessen. Auch in China gilt junger Farn als Delikatesse.

Farne und ihre Wedel

Im Wald leben noch viele weitere Farne, denn sie lieben schattige und feuchte Plätze. Man erkennt sie an ihren großen Wedeln, die einfach oder mehrfach gefiedert sind. Eine Ausnahme davon ist die Hirschzunge, denn ihre Blätter sind lang gestreckt, ohne Einschnitte an den Rändern. Auf der Unterseite der Wedel befinden sich dunkle Behälter, in denen die Sporen heranreifen. Irgendwann lösen die Sporen sich vom Blatt, fallen auf den Boden und helfen dem Farn so, sich zu vermehren.

Frauenhaarmoos

Polytrichum commune

dort von der Pflanze aufgenommen. Moose können deswegen nie so hoch werden wie Kräuter oder gar Sträucher. Mit rund 30 Zentimetern ist das Frauenhaarmoos das größte Moos in Europa. Es bildet recht auffällige, dunkle weiche Polster. Essen kannst du Moose nicht.

Reißfest

Das Frauenhaarmoos gehört zu den Laubmoosen, da es wie ein kleines belaubtes Pflänzchen aussieht. Im Mittelalter hat man aus Frauenhaarmoos sogar Zöpfe geflochten und sie als Schiffstaue verwendet. Dieses Moos ist besonders reißfest.

Sporenpflanzen

Moose sind keine Blütenpflanzen. Sie haben deswegen auch keine Früchte oder Samen. Sie vermehren sich mit Sporen. Diese entstehen in Kapseln, die meist an einem langen Stiel auf der Moospflanze stehen.

Keine Wurzeln

Moose haben auch keine echten Wurzeln: Sie saugen kein Wasser auf. Es steigt vielmehr außen an den Stängeln nach oben und wird

MACH MIT!

Fühl mal!

Schnapp dir einen Freund oder eine Freundin, und geht mit verbundenen Augen barfuß durch den Wald. Was könnt ihr fühlen: Moos, Blätter, Erde …? Wechselt euch mit dem „Blindsein" ab, sodass immer eine*r von euch aufpassen kann, wo der oder die andere hinläuft.

Blattflechte

Sulkatflechte, *Parmelia sulcata*

Mischwesen

Die abgebildete Flechte ist überall auf der Rinde von Laubbäumen zu finden, gelegentlich wächst sie auch auf Felsen. Flechten sind sehr merkwürdige Lebewesen: Sie sind Mischwesen aus einem Pilz und einer Alge. Der Pilz sorgt für die äußere Form. Im Inneren leben die Algen, die Zucker und Stärke herstellen und damit den Pilz versorgen. Beide Lebewesen ergänzen sich gegenseitig. Jedes hat einen Nutzen davon. Dieses Zusammenleben nennt man „Symbiose".

Kruste, Laub, Strauch oder Bart?

In Mitteleuropa leben über 2.000 Flechtenarten! Dabei unterscheidet man drei Wuchsformen. Krustenflechten kann man von der Unterlage, besonders Felsen und auch Betonmauern, kaum ablösen, ohne sie zu beschädigen. Oft zeigen sie auffällige Farben, etwa Hellrot oder Schwefelgelb. Laub- oder Blattflechten liegen hingegen locker auf.

Oft sind sie kreisrund, weil das Wachstum von einem Punkt in der Mitte in alle Richtungen gleichmäßig fortschreitet. Strauchflechten sehen tatsächlich wie kleine Sträucher aus und wachsen als Rasen auf der Erde und auf Bäumen. Am auffälligsten ist die heute fast verschwundene Bartflechte, die mehrere Meter lang wird und von Bäumen hängt.

Fliegenpilz

Amanita muscaria

Nicht ganz so giftig

Den Fliegenpilz kann man mit keinem anderen Pilz verwechseln. Wegen seiner auffälligen roten Farbe ist er bei uns der bekannteste Giftpilz. Aber er ist längst nicht so gefährlich wie einer seiner nächsten Verwandten, der Knollenblätterpilz.

Die weißen Flecken auf dem roten Hut sind die Reste des Schleiers, der den gesamten jungen Pilz umgibt, sodass er als „Pilzkind" wie ein Ei aussieht. Auf der Unterseite hat der Fliegenpilz Lamellen, in denen die Sporen entstehen. Sein Hut kann bis zu 18 Zentimeter breit und sein Stiel bis zu 20 Zentimeter lang werden. Die jungen Fliegenpilze sind kugelig, die älteren Pilze haben einen scheibenförmigen Hut.

Lebensgemeinschaft

Der Fliegenpilz liebt Fichten und Birken, denn mit diesen beiden Bäumen bildet er eine enge Lebensgemeinschaft. Seine weiteste Verbreitung hat er in eher nördlich gelegenen Nadelwäldern Amerikas, Asiens und Europas. Man findet ihn vom Sommer bis zum Herbst.

Die Ureinwohner Sibiriens verwendeten den Fliegenpilz in vergangenen Zeiten als Rauschmittel. In Japan wird der Pilz auch heute noch gegessen, wobei man aber vorher die Haut des Hutes und damit die meisten Giftstoffe entfernt.

Glückspilz

Der Fliegenpilz hat seinen Namen daher, dass man früher klein geschnittene Stücke vom Pilz in gezuckerte Milch einlegte. Fliegen, die davon naschten, starben. Zusammen mit dem vierblättrigen Glücksklee und dem Hufeisen gilt der Fliegenpilz bei uns als Zeichen für Glück.

Steinpilz

Herrenpilz, *Boletus edulis*

Pilze ernähren sich überwiegend von toten Pflanzen und Tieren.

Fruchtkörper
Was wir als Pilz bezeichnen, ist nur der Fruchtkörper, der aus der Erde herausschaut. Diese Sporen dienen der Vermehrung. Der eigentliche Pilz besteht aus einem unterirdischen Geflecht weißer Fäden, dem sogenannten Myzel.

Verwechslung
Der Stein- oder Herrenpilz wird gern von uns gegessen. Sein Geschmack ist je nach Standort verschieden.

Ganz junge Steinpilze kann man auch roh zum Beispiel im Salat verzehren. Leider sieht der Gallenröhrling dem Steinpilz täuschend ähnlich. Er ist nicht richtig giftig, schmeckt aber gallenbitter. Schon ein winziges Stückchen davon reicht aus, um ein ganzes Pilzgericht zu ruinieren. Der Steinpilz steht in Deutschland unter Naturschutz.
Der Handel mit selbst gesammelten Pilzen ist verboten. Man darf ihn nur in kleinen Mengen für den eigenen Bedarf sammeln.

Pflanzen, Tiere, Pilze
Früher teilte man die Lebewesen ein in Pflanzen und Tiere. Die Pflanzen sind grün und stellen aus Kohlendioxid und Wasser mithilfe des Sonnenlichts selbst Zucker und Stärke her: Sie produzieren ihre eigene Nahrung. Tiere können das nicht und sind ganz auf die grünen Pflanzen angewiesen. Die Pilze passen in diese Einteilung nicht hinein. Sie gelten heute als dritte eigenständige Gruppe von Lebewesen.

Hallimasch

Honigpilz, *Armillaria mellea*

Freud und Leid

In manchen Jahren kann man den Hallimasch wäschekorbweise sammeln. Man nimmt übrigens nur die jungen Pilze, deren Hut noch geschlossen ist und deren Aussehen an einen Hufnagel erinnert. Die Forstleute freuen sich nicht über den Hallimasch, weil er nicht nur von totem Material lebt, sondern auch lebende Fichten und die meisten anderen Bäume befällt und sie zum Absterben bringt. Er tritt in Mitteleuropa in der zweiten Jahreshälfte auf, besonders gehäuft in den Monaten August bis November. Roh schmeckt er abscheulich kratzig und nach Seife. Er enthält außerdem ein Gift, das aber beim Kochen verschwindet. In Norditalien gilt der Hallimasch als eine der größten Pilzdelikatessen.

Ein Gigant

Im Jahr 2.000 entdeckten Forscher in einem Wald in Amerika einen Hallimasch, der über 2.000 Jahre alt war. Er wuchs in einem Gebiet von fast einem Quadratkilometer und wog geschätzt 600 Tonnen. Auch in Europa hat man ähnliche Riesen gefunden. Es könnte sein, dass der Hallimasch eines der größten Lebewesen der Welt ist.

Nachtgespenster

Es lohnt sich, im späten Sommer oder frühen Herbst mit deinen Eltern einmal eine Nachtwanderung im Wald zu machen. Denn der Hallimasch gehört zu den wenigen Pilzarten die nachts leuchten. Haltet Ausschau nach einem grünen Licht im Unterholz.

Insekten, Spinnen und andere kleine Tiere

Springspinne

Zebraspringspinne, *Salticus scenicus*

Keine Fangnetze

Spinnen bauen Netze aus Seide und fangen damit ihre Beutetiere. Dies gilt tatsächlich für die meisten Spinnen, nicht aber für die Springspinnen. Sie spinnen mit ihrer Seide nur Kokons für die eigenen Eier. Und sie sichern sich wie Bergsteiger mit einem Faden, wenn sie losspringen. Nach dem Sprung können sie so zum Ausgangspunkt zurückkehren.

AHA! Die Spinnen

Spinnen haben immer acht Beine. Ihr Körper ist in zwei Teile gegliedert: Vorn liegen Kopf und Brust in einem Stück, dahinter der viel größere Hinterleib. Spinnen haben Kieferklauen, mit denen sie ihren Beutetieren ein Gift einspritzen. Jede Spinne kann mit Drüsen an der Spitze des Hinterleibs Seidenfäden erzeugen. Sie bestehen aus Eiweißen und sind viermal belastbarer als Stahl. Bevor sie reißen, kann man sie um mehr als das Doppelte dehnen.

Auflauern

Springspinnen nehmen ihre Umgebung mit großen Augen vorn am Kopf wahr. Sie schleichen sich an und springen aus wenigen Zentimetern Entfernung auf ihre Beute. Die kleine Zebraspringspinne, die nur etwa 7 Millimeter groß wird, kann man schon im zeitigen Frühjahr auf sonnenbeschienenen, erwärmten Hausfassaden bei der Jagd beobachten. Sie erbeutet Insekten, die größer werden als sie selbst.

Kreuzspinne

Gartenkreuzspinne, *Araneus diadematus*

Radnetz

Ungefähr eine Stunde braucht die Kreuzspinne, um ihr berühmtes Radnetz zu bauen. Es ist ein kompliziertes Gebilde. Mit sechs Drüsen am Hinterleib produziert die Spinne sieben verschiedene Fadensorten. Erst baut sie einen dreieckigen Rahmen aus stabilen Fäden. Dann werden die ersten Speichen und weitere Rahmenfäden eingezogen. Mit einer Hilfsspirale verbindet die Spinne die Speichen. Schließlich trägt sie die klebrige Fangspirale auf, in der sich die angeflogenen Insekten verheddern.

Ungefährlich

Die Gartenkreuzspinne ist eine der größten Spinnen Mitteleuropas und die bei uns am häufigsten vorkommende Kreuzspinne. Das Weibchen erreicht eine Körperlänge von 18 Millimetern. Gefährlich für Menschen ist die Gartenkreuzspinne aber nicht. Sie kommt besonders gern dort vor, wo der Mensch die Landschaft verändert hat, wie zum Beispiel in Gärten. Daher hat diese Spinne auch ihren Namen.

MACH MIT! Schau genau!

Hast du schon einmal ein Spinnennetz aus der Nähe betrachtet? Nach einem leichten Regenschauer geht das besonders gut. Zwischen Büschen, Ästen und hohen Gräsern kannst du die Bauwerke der Spinnen leicht entdecken, denn die Regentropfen bleiben an den feinen Fäden hängen und lassen die Netze in der Sonne glitzern. Du wirst staunen, wie viele verschiedene es gibt.

Wasserspinne

Argyroneta aquatica

Ausnahmeerscheinung

Unter den über 40.000 Spinnenarten auf der ganzen Welt hat sich nur eine einzige dem Leben im Wasser angepasst, und diese Wasserspinne kommt bei uns vor.

Durch einen besonderen Trick schafft sie es, im Wasser zu überleben. Ihr Körper trägt Wasser abstoßende Haare und ist dauerhaft von einer silbrigen Luftschicht umgeben. Diese funktioniert ähnlich, wie die Kiemen beim Fisch, indem sie Sauerstoff aus dem Wasser aufnimmt. In sauerstoffreichen Gewässern kann die Wasserspinne drei bis vier Tage leben, ohne die Luftschicht um ihren Körper zu erneuern. Sie braucht sauberes Wasser. Da unsere Gewässer immer häufiger verschmutzt sind, ist ihr Bestand stark rückläufig. Sie zählt zu den stark gefährdeten Arten.

Taucherglocke

Die Wasserspinne holt nicht nur frische Luft von der Wasseroberfläche, sondern sie legt sich auch einen Luftvorrat unter Wasser an. Sie baut eine Unterwasserglocke aus Spinnfäden und füllt diese mit Luft. In dieser Taucherglocke verbringt sie den größten Teil ihres Lebens. Dort frisst sie, paart sich und legt auch ihre Eier ab. Für den Fang kleiner Krebse spinnt sie in der Nähe ihrer Glocke mehrere Signalfäden. Stößt ein Krebschen daran, eilt die Spinne sofort ihren Faden entlang und tötet ihre Beute mit einem Biss. Dieser ist übrigens auch für Menschen ziemlich schmerzhaft.

MACH MIT! Wie funktioniert eine Taucherglocke?

Du benötigst eine Schüssel mit Wasser, ein Glas und eine Serviette. Knülle die Serviette zusammen, und stopfe sie tief in das Glas, sodass sie nicht rausfällt und nicht über den Rand des Glases herausschaut. Jetzt tauchst du das Glas mit der Öffnung nach unten ganz gerade in die Wasserschüssel. Ziehe es anschließend ganz gerade wieder aus dem Wasser heraus. Du wirst staunen, denn die Serviette ist nicht nass geworden. Die Luft füllt den Raum im Glas aus und verhindert, dass Wasser eindringt.

Binsenjungfer

Teichjungfer, *Lestes sponsa*

Ein fliegendes Rad

Vielleicht hast du an einem Schilfhalm oder sogar im Flug schon einmal ein seltsames Gespann aus zwei Libellen beobachtet? Um sich zu paaren, bilden Libellenweibchen und -männchen ein Rad. Und das geht so: Das Männchen packt mit seinen Zangen am Hinterleib den Kopf des Weibchens. Das Weibchen biegt dann seine Hinterleibsspitze weit nach vorn bis zum Beginn des Hinterleibs des Männchens. Denn für die Paarung müssen

die Geschlechtsorgane der beiden Libellen aneinanderliegen. Nur so gelangt der Samen des Libellenmännchens in den Legeapparat des Weibchens. Alle Libellen bilden solche Paarungsräder.

Larven im Wasser

Die Binsenjungfer ist eine der häufigsten Libellenarten. Man erkennt sie am extrem lang gezogenen schmalen Hinterleib und der metallischen Grundfärbung. Die Tiere machen Jagd auf fliegende Insekten. Ihre Larven leben im Wasser und fressen dort Kleintiere.

AHA! Die Libellen

In Mitteleuropa leben knapp 100 Libellenarten. Man teilt sie in zwei Großgruppen ein: Die Kleinlibellen mit der Binsenjungfer haben zwei gleich große Flügelpaare. Sie können sie unabhängig voneinander bewegen und falten sie über dem Leib zusammen, wenn sie ruhen. Bei den Großlibellen ist das hintere Flügelpaar deutlich kleiner. In Ruheposition stehen die Flügel großer Libellen deutlich vom Körper ab. Libellen stechen nie!

Wasserläufer

Gerris lacustris

Eine Spannung

Bestimmt kannst du dir denken, woher der Wasserläufer seinen Namen hat? Richtig, das Insekt kann mit seinen sechs Beinen übers Wasser flitzen und sogar auf dem Wasser hüpfen. Wie es das macht, ohne unterzugehen, erfährst du unten im gelben Feld. Wasserläufer können 5 bis 30 Millimeter lang werden.

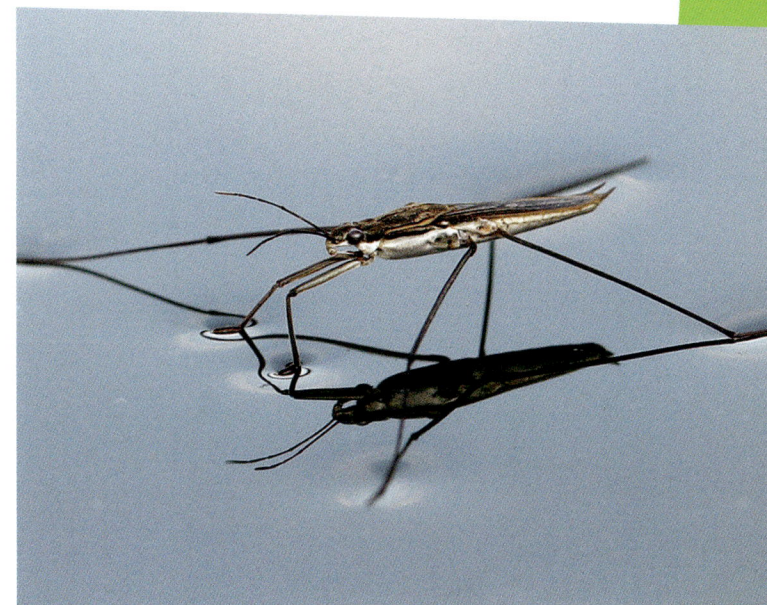

MACH MIT!

Wieso geht der Wasserläufer nicht unter?

Wasser besteht aus winzig kleinen Teilchen, die sich gegenseitig anziehen und festhalten. So bilden sie eine Art Haut auf der Wasseroberfläche. Das nennt man Oberflächenspannung. Und genau über dieses Häutchen spaziert der Wasserläufer, ohne einzubrechen.

Schnapp dir eine Schüssel mit Wasser, und finde heraus, wie die Oberflächenspannung funktioniert. Büroklammern oder Nähnadeln können eigentlich nicht schwimmen und gehen sofort unter, wenn du sie ins Wasser wirfst. Legst du sie aber ganz vorsichtig und gerade mit einer Pinzette auf die Wasseroberfläche, schwimmen sie doch.

Du kannst sie meist auf ruhigen oder sehr langsam fließenden Gewässern, wie Teichen oder Tümpeln, entdecken.

Jäger

Wasserläufer leben räuberisch. Sie jagen jedem Tier hinterher, das auf die Wasseroberfläche gefallen ist. Sie packen es mit den kurzen Vorderbeinen und saugen es mit einem Rüssel aus. Denn die Wasserläufer gehören zu den Wanzen, die sich alle durch einen Stechrüssel auszeichnen.

Ohrwurm

Ohrenkneifer, *Forficula auricularia*

Kein Ohrenkneifer

Der Ohrwurm hat seinen Namen nicht etwa, weil er schlafenden Menschen nachts ins Ohr krabbelt und ihnen ins Trommelfell kneift, wie die Menschen lange glaubten. Für den Menschen ist der Ohrwurm völlig ungefährlich. In der Antike wurden die zu Pulver zerstoßenen Tiere sogar als Medizin gegen Ohrenkrankheiten verabreicht.

AHA! Brutpflege

Insekten legen in der Regel ihre Eier auf der Nährpflanze der Larve ab und sterben dann.

Die Ohrwürmer stellen eine Ausnahme dar, sie sorgen für die geschlüpften Jungtiere.

Kneifzangen

Ohrwürmer sind in der Regel nachts aktiv. Tagsüber verkriechen sie sich unter Steine oder Bretter und in Spalten. Sie fressen alles, Pflanzen und Tiere. Da sie Blattläuse fressen, gelten sie als Nützlinge. Doch immer wieder treten sie in größerer Zahl auf und können an Blüten Schäden anrichten. Der Hinterleib aller Ohrwürmer endet in einem Paar Zangen, mit denen die Tiere jagen, sich aber auch gegen Feinde verteidigen.

Feldgrille

Gryllus campestris

Zirpende Grillen
Die Feldgrille baut an trockenen Hängen bis 40 Zentimeter lange Erdröhren. In lauen Nächten sitzt das Männchen vor seiner Röhre und lockt Weibchen mit seinem Gesang an. Gesungen wird dabei aber nicht, sondern gezirpt: Das Männchen reibt dazu seine Vorderflügel schräg aneinander. Die glatte Schrillkante des rechten Flügels gleitet dabei über die gezähnte Schrillkante des linken Flügels.

So entsteht ein zirpendes Geräusch, das vergleichbar mit dem Geräusch ist, das entsteht, wenn man mit dem Daumennagel über die Zinken eines Kammes fährt.

Unterschiede
Die Weibchen sind größer als die Männchen und an ihrer langen Legeröhre am Hinterleibsende zu erkennen. Beide Geschlechter sind Allesfresser: Sie verspeisen Pflanzenwurzeln ebenso wie Bodentiere oder Aas.

Das Heimchen
Ein naher Verwandter der Feldgrille ist das Heimchen: etwas kleiner, schlanker und gelbbraun statt fast schwarz. Es kommt vor allem in menschlichen Behausungen und in U-Bahn-Schächten vor. Auch hier zirpen die Männchen. Das Heimchen wurde von den Römern nach Mitteleuropa eingeschleppt.

Gottesanbeterin

Mantis religiosa

Jagdmethode

Die Gottesanbeterin gehört zur Gruppe der Fangschrecken. Das erste Beinpaar ist bei ihnen zu Fangbeinen umgestaltet. Die Gottesanbeterin lauert stundenlang aufrecht auf einem Ast und hält dabei ihre Fangbeine nahe an den Körper. Das sieht so aus, als würde sie beten. Wenn ein Insekt in ihre Reichweite gerät, schlägt sie zu. Bei einer Bedrohung nimmt die Gottesanbeterin eine Schreckstellung ein: Sie breitet ihre Flügel aus und zischt hörbar.

AHA! Kannibalinnen?

Weiblichen Gottesanbeterinnen wird nachgesagt, dass sie ihre Männer fressen. Das trifft zum Teil zu. Die Männchen haben die schwierige Aufgabe, während der Paarung den Jagdtrieb ihrer Partnerin zu unterdrücken. Das gelingt meistens. Aber es kommt immer wieder vor, dass noch während der Paarung der Jagdtrieb überhand nimmt und das Weibchen seinen Partner einfach verspeist.

Heupferd

Laubheuschrecke, *Tettigonia viridissima*

Lebensraum
Am liebsten sitzt das Heupferd auf niedrigen Büschen an sonnigen Wegrändern. Vom frühen Nachmittag an lassen die Männchen ihr Gezirpe, einen schwirrenden Ton, hören. Wie bei der Feldgrille bewegen sie dabei den Rand des einen Vorderflügels über den anderen. Die Männchen locken damit Weibchen an und markieren ihr Revier, das sie übrigens erbittert verteidigen.

AHA! Der Warzenbeißer

Auf Berg- und Feuchtwiesen lebt eine verwandte, ebenfalls grüne Heuschrecke, aber mit zusätzlichen dunklen, quadratischen Flecken. Vor diesem Warzenbeißer muss man sich in Acht nehmen, denn er kann mit seinen Mundwerkzeugen in die Haut schneiden, bis Blut fließt. Dabei gibt er einen ätzenden, braunen Verdauungssaft ab. Diesen hielt man früher für ein Heilmittel gegen Warzen – daher der Name dieses heute vom Aussterben bedrohten Tieres.

Früher hielt man Heupferde (wie auch Heimchen) in kleinen Käfigen und erfreute sich zu Hause an ihrem Gesang.

Ein Jäger
Von dieser grasgrünen Heuschrecke würde man erwarten, dass sie von Pflanzen lebt. In Wirklichkeit ist das scheinbar friedliche Tier ein Räuber, der Jagd macht auf Raupen, Fliegen, Falter und sogar Artgenossen.

Feuerwanze

Feuerkäfer, Schusterkäfer, *Pyrrhocoris apterus*

Wanze oder Käfer?

Dieses Tier wird oft als „Käfer" bezeichnet, dabei ist es eine echte Wanze. Aber was ist der Unterschied? Wanzen (und die verwandten Zikaden) haben einen Stechrüssel, Käfer hingegen Mundwerkzeuge zum Kauen. Die Vorderflügel der Wanzen sind ledrig, die der Käfer sind zu festen Flügeldecken verhärtet. Die Wanzen durchlaufen im Unterschied zu Käfern kein Puppenstadium: Aus der Larve entwickelt sich direkt das fertige geflügelte Insekt.

Die jungen Wanzen, die man „Nymphen" nennt, habe noch nicht die auffällige schwarzrote Färbung. Sie sind überwiegend rot gefärbt mit vereinzelten schwarzen Flecken auf dem Rücken. Die ausgewachsene Feuerwanze kann zwischen 9 und 12 Millimeter groß werden. Sie ernährt sich von Pflanzensäften, die sie aus abgefallenen Samen saugt, bevorzugt aus Lindensamen.

Lebt gesellig

Am häufigsten sieht man Feuerwanzen im zeitigen Frühjahr oder im Herbst. Sie bilden dann gern Ansammlungen aus vielen hundert Tieren. Die Gruppen werden durch besondere Duftstoffe, die „Pheromone", zusammengehalten. Wenn sich aber ein Tier bedroht fühlt und Stoffe zur Abwehr abgibt, löst sich eine solche Gruppe schnell auf.

AHA! Die Bettwanze

„Wanze ist gleich Bettwanze". Dieses Vorurteil hält sich hartnäckig. Tatsache ist, dass von den vielen hundert Arten in Mitteleuropa nur eine Blut saugt, eben die Bettwanze. Wahrscheinlich ist sie von der Taube auf den Menschen übergegangen.

Ihre Stiche jucken furchtbar, und dabei können viele Krankheiten übertragen werden. Eine Zeitlang war sie so selten, dass man sie auf die Rote Liste bedrohter Tier- und Pflanzenarten hätte setzen müssen. Heute breitet sie sich wieder aus.

Eintagsfliege

Ephemera vulgata

Entwicklung

Die Bezeichnung „Eintagsfliege" trifft durchaus zu: Die zarten geflügelten Tiere leben nicht länger als ein paar Stunden oder Tage. Sie können in dieser Zeit keine Nahrung aufnehmen und ihre einzige Aufgabe ist es, sich fortzupflanzen.

Die Larven der Eintagsfliegen leben ein bis vier Jahre. Sie halten sich im Wasser auf. Man erkennt sie daran, dass sie an den Seiten jedes Körperabschnitts je eine Kieme tragen. Am Ende des Hinterleibs stehen jeweils drei lange Fäden. Die Larven fressen pflanzlichen Abfall.

Wie erkennst du sie?

Die erwachsenen Eintagsfliegen haben große Flügel, die sie über dem Rücken zusammenklappen. Beim Sitzen zeigen sie eine typische Körperhaltung mit schüsselförmig aufgebogenem Körper. Am Ende des Hinterleibs stehen zwei oder drei sehr lange zarte Fäden.

AHA! Schwärmen

Eintagsfliegen treten meist in größerer Zahl auf, weil die Larven zur selben Zeit schlüpfen. Die Männchen bilden einen Schwarm, der oft einige Meter über dem Gewässer auf und ab fliegt. Die Weibchen fliegen in einen solchen Schwarm hinein und werden gepackt. Die Paarung findet im Flug statt. Die Weibchen legen ihre Eier meist in Flüsse und Bäche. Wo Eintagsfliegen vorkommen, ist das Gewässer noch sauber.

Florfliege

Goldauge, *Chrysoperla carnea*

Nützlinge

Am häufigsten sieht man Florfliegen im Spätherbst, weil sie dann, ähnlich wie die Marienkäfer, in unsere Wohnungen kommen, um zu überwintern. Im Sommer fliegen sie abends aber auch gern an das Licht. Sonst findet man sie auf Sträuchern, stets auf der Suche nach Blattlauskolonien. Denn von diesen leben die Tiere. Die Weibchen legen lang gestielte Eier in der Nähe von Blattläusen ab. Daraus schlüpfen Larven, die massenhaft Blattläuse fressen. Sie packen ihre Beute mit den Mundwerkzeugen, heben sie hoch und spritzen ihr einen Verdauungssaft ein. In 90 Sekunden ist aus der Blattlaus eine nahrhafte Suppe geworden, die die Florfliegenlarve einsaugt! Manche Florfliegenlarven decken sich zur Tarnung mit den Häuten ihrer gefressenen Opfer zu.

AHA! Netzflügler

Ein langer Körper, lange fadenförmige Fühler und netzartig geäderte Flügel sind die Merkmale der Netzflügler. Diese Insektengruppe setzt sich aus den Florfliegen, den Schlammfliegen, den Ameisenjungfern und Schmetterlingshaften zusammen.

Die Ameisenjungfern kommen in warmen, sandigen Gebieten vor und erinnern etwas an unbeholfene Libellen. Ihre Larven heißen „Ameisenlöwen". Sie bauen Trichter im Sandboden und lauern auf vorbeiziehende Ameisen.

Glühwürmchen

Leuchtkäfer, *Lampyris noctiluca*

Ziemlich gewöhnlich

Die Weibchen des Glühwürmchens sehen tatsächlich wie kleine Würmer oder besser wie Larven aus. Es fehlen ihnen die für die Käfer allgemein typischen Flügeldecken. Bei den Männchen sind sie vorhanden, wenn auch in weicher Form. Kurz: Beide Geschlechter fallen durch ihr Aussehen nicht weiter auf, besonders nicht tagsüber.

Kaltes Licht

Abends und nachts gehören die Glühwürmchen aber zu den auffälligsten Erscheinungen. Das Weibchen kann an mehreren Stellen auf dem Hinterleib Licht erzeugen.

Es lockt damit Männchen an, die nur schwach leuchtend abends auf der Suche nach Weibchen umherfliegen. An den Leuchtorganen kann man sich nicht die Finger verbrennen. Leuchtkäfer erzeugen kaltes Licht mit einer unglaublichen Reichweite. Unsere künstlichen Lichtquellen können da nicht mithalten. Sie erzeugen mehr Wärme als Licht.

Lederlaufkäfer

Carabus coriaceus

Wie erkennst du Käfer?

Am ehesten begegnet man diesem mattschwarzen Käfer in Kellern und in feuchten Laubwäldern. Er ist einer der größten bei uns. Er zeigt besonders deutlich die Merkmale aller Käfer: Ihr Körper erscheint gepanzert. Vor allem die Vorderflügel sind in harte Flügeldecken umgewandelt. Die weichen Hinterflügel liegen darunter und können auch verkümmert sein. Käfer haben kauende Mundwerkzeuge. Der Lederlaufkäfer macht nachts Jagd auf Insekten, Schnecken und Würmer.

AHA! Der Puppenräuber

Alle diese großen Laufkäfer leben auf und im Boden. Ihre nächsten Verwandten leben hingegen auf Bäumen, vor allem der überaus prächtige Puppenräuber. Er schimmert in allen Farben und macht besonders auf die Raupen und Puppen des Schwammspinners Jagd. Im Laufe seines Lebens verzehrt ein Puppenräuber bis zu 400 Stück davon!

Buntes Volk

Die nächste Verwandtschaft dieses großen Laufkäfers ist überaus bunt. Über 30 Arten gehören in Mitteleuropa zu seiner Familie. Darunter sind fast 3 Zentimeter lange, glänzende Formen wie der Goldläufer oder der Goldglänzende Laufkäfer, der in Mischwäldern vorkommt. Andere sind auffällig blauviolett oder purpurfarben oder sogar grün. Manche tragen auf den Flügeldecken Rippen, Höcker oder tief eingegrabene Punkte.

Hirschkäfer

Schröter, *Lucanus cervus*

Der Größte
Hast du diesen beeindruckenden Käfer schon einmal gesehen? Er ist der größte unserer heimischen Tierwelt. Allerdings hat nur das Männchen die übergroßen Mundwerkzeuge, die wie ein Geweih aussehen. Das Weibchen hat viel kleinere Mundwerkzeuge.

Am ehesten findet man Hirschkäfer an verletzten Eichen. Dort tritt süßer Saft aus, der bald zu gären beginnt. Hier finden sich die Tiere ein, und bald entbrennt ein Kampf um die Weibchen. Die Männchen versuchen, sich mit ihren langen „Geweihen" vom Baum zu schubsen oder auf den Rücken zu werfen.

Entwicklung
Das Weibchen legt etwa 20 Eier an die Wurzeln toter oder kranker Eichen. Die Larven, die daraus schlüpfen, leben bis zu acht Jahre lang im toten Holz. Die Larven werden Engerlinge genannt. Am Ende sind die Riesenengerlinge 11 Zentimeter groß und verpuppen sich. Aus der Puppe schlüpft der fertige Käfer.

Seltenes Krabbeltier
Verantwortlich dafür sind wir Menschen, da unsere Wälder mittlerweile zu aufgeräumt sind. Totholz am Boden wird entfernt und tote oder kränkelnde Eichen werden gefällt, sodass der Hirschkäfer einfach keinen Lebensraum mehr vorfindet. Nur in Eichenurwäldern kommt er noch in größerer Zahl vor.

Rosenkäfer

Cetonia aurata

Blütenbesucher

Seinen Namen trägt er zu Recht: Man sieht das glänzende Tier am ehesten in Rosenblüten, wo es sich durch die Staubblätter hindurchfrisst. Ebenso liebt der Käfer aber auch Holunderblüten.

Überall fällt er durch seine stattliche Größe und die meist metallisch grüne Farbe mit den weißen Flecken und Querrillen auf.

AHA! Tropentiere

In Europa leben rund 90 Rosenkäferarten. Bei aller Schönheit wirken sie eher bescheiden im Vergleich zu vielen tropischen Arten. Da gibt es Riesenformen, die aussehen wie geschminkte Clowns. Zu ihnen zählen auch die Goliathkäfer mit ihrer braun-weißen Zeichnung.

Andere tropische Käfer haben am Kopf Hörner, die größer sind als der ganze Körper. Einige afrikanische Rosenkäfer lassen sich gut in Terrarien halten.

Schneller Start

Die meisten flugfähigen Käfer haben ziemliche Mühe, vom Boden loszukommen: Erst spreizen sie ihre Flügeldecken ab, dann schlagen sie mit den Hinterflügeln und heben schließlich ab, wenn alles gut geht. Der Rosenkäfer startet rasant. Der seitliche Rand der Flügeldecken ist eingebuchtet. Unter dieser Einbuchtung fährt der Käfer einfach seine Hinterflügel aus und hebt mit geschlossenen Flügeldecken ab. Sein Flug ist so schnell wie der einer Wespe.

Mistkäfer

Geotrupes stercorarius

und landet nahe beim Kuhfladen. Er wühlt sich in die flüssige Masse und baut unter ihr eine schräge Erdröhre. Diese versieht er mit einer Dungpille und legt darauf ein Ei ab. Man nennt das Verhalten „Brutfürsorge".

Kleinlebensraum

In einem schönen Kuhfladen lebt nicht nur der große Mistkäfer. Da sind auch Blatthornkäfer mit Hörnern an der Brust, sehr kleine Dungkäfer, Wasserkäferverwandte, Fliegen und sogar Mücken anzutreffen. Ein Kuhfladen ist ein kleiner Lebensraum für sich.

Dung, Kot, Mist

In Deutschland leben viele Millionen Rinder. Sie produzieren Tag für Tag viele Millionen Kilogramm Dung! Da ist es gut, dass es Käfer gibt, die Dung fressen.

Der häufigste und größte bei uns ist der Mistkäfer. Er nimmt den Duft frischen Dungs schon von Weitem wahr. Mit hummelähnlichem Geräusch fliegend macht er sich auf den Weg

AHA! Pillendreher

Im Mittelmeergebiet leben die großen Pillendreher. Sie rollen eine runde Dungkugel vor sich her, vergraben sie an geeigneter Stelle und legen ein Ei darauf. Der Heilige Pillendreher heißt auch Skarabäus, und er wurde im Alten Ägypten verehrt. Jeder Tote bekam als Zeichen der Auferstehung einen Steinskarabäus auf die Brust gelegt.

Totengräber

Necrophorus vespillo

Aasbesucher

Häufig kommen diese auffällig orange-rot gestreiften Käfer abends ans Licht. Regelmäßig findet man sie jedoch an kleinen, toten Tieren. Als Erste treffen Männchen ein. Sie beginnen sofort mit Grabarbeiten, sodass die Tierleiche in den Boden einsinkt. Dann locken sie mit Duftstoffen aus ihrer Hinterleibsspitze Weibchen an. Nach ein paar Kämpfen bleibt ein Totengräberpaar übrig und beginnt nun mit der Hauptarbeit.

Gute Eltern

Das Paar gräbt unter dem Kadaver weiter, bis er im Boden verschwunden ist. In Erdgänge neben dem toten Tierkörper legt das Weibchen seine befruchteten Eier ab. Danach frisst es ein Loch in den Kadaver und markiert sie so als Nahrung für die Larven, die bald schlüpfen. Das Weibchen lebt danach weiter, was ganz ungewöhnlich ist unter den Insekten, denn die meisten sterben nach der Eiablage. So kann das Totengräberweibchen seine jungen Larven erst einmal füttern. Erst später fressen sie selbstständig vom Aas. Der Totengräber betreibt also „Brutpflege".

AHA! Extremer Spezialist

Es gibt einen Käfer, der selbst Insektenpanzer und hartes Horn verdauen kann. Er heißt Museums- oder Kabinettkäfer und wird rund 3 Millimeter lang. Er kann in wissenschaftlichen Insektensammlungen als Schädling auftreten.

Bockkäfer

Gefleckter Schmalbock, *Rutpela maculata*

Verwechslung

Der Gefleckte Schmalbock tritt sehr häufig auf Doldenblüten auf. Auf den ersten Blick kann man ihn wegen seiner gelb-schwarzen Zeichnung mit einer Wespe verwechseln. Für den Käfer ist es ein Vorteil, das Aussehen eines solch gefährlichen Insekts nachzuahmen, ohne selbst einen Stachel zu besitzen oder giftig zu sein. Dadurch wird er weniger von Räubern angegriffen und gefressen. Dieses Verhalten nennt man „Mimikry".

Fühlertiere

Es sind die langen Fühler, die den Bockkäfern ihren Namen verliehen haben. Diese Fühler werden oft länger als der Körper. Die Tiere tragen sie schräg nach vorn oder gar nach hinten gebogen. So erinnern sie an die Hörner eines Steinbocks. In Mitteleuropa gibt es rund 200 verschiedene Arten von Bockkäfern. Oft sind die Tiere metallisch gefärbt oder sehr bunt. Unter den Bockkäfern finden wir einige der größten Käfer Europas und der ganzen Welt. Ihre Larven leben in trockenem Holz.

AHA! Mimikry

Bockkäfer sind nicht die einzigen, die wehrhafte Wespen nachahmen und somit von deren Schutz profitieren. Schwebfliegen zeigen gern eine gelb-schwarze Färbung. Berühmt ist der Hornissenschwärmer, ein völlig harmloser Schmetterling.

Wichtig ist, dass die Nachahmer nicht häufiger sind als die Nachgeahmten. Sonst funktioniert die Mimikry genannte Tarntechnik nicht mehr.

Marienkäfer

Siebenpunkt, *Coccinella septempunctata*

Wie alt wird er?

Es ist eine hübsche, aber leider falsche Geschichte, dass der Siebenpunkt-Marienkäfer sieben Jahre alt wird und jedes Jahr einen Punkt dazubekommt. Kein erwachsenes Insekt wird sieben Jahre alt. Die meisten leben nur wenige Wochen. Nur die Tiere, die überwintern, werden ein paar Monate alt. Und wenn ein Insekt geschlüpft ist, verändert es sich nicht mehr.

Nützliche Tiere

Die Marienkäfer sind bekannte Blattlausfresser. Eine Larve häutet sich dreimal und verpuppt sich dann. Bis es soweit ist, muss sie rund 400 Blattläuse fressen. Das leuchtende Rot der Marienkäfer ist eine Warnung für mögliche Feinde: Achtung, wir sind ungenießbar! Fasst man Marienkäfer etwas grob an, sondern sie eine gelbe, stinkende Flüssigkeit aus ihren Gelenken ab, die auch noch Gifte enthält. Trotzdem fressen einige Vögel und Spitzmäuse diese Käfer.

Wanderflüge

Manchmal treten Marienkäfer in unvorstellbaren Massen auf, besonders auf Berg- und Hügelspitzen. Auf einem Quadratmeter kann man dann viele tausend Tiere zählen. Im Herbst kannst du große Schwärme von Marienkäfern an Hausmauern oder Balkongeländern beobachten. Die Käfer suchen sich gemeinsam einen Unterschlupf für den Winter und ruhen sich zwischendurch aus.

Maikäfer

Melolontha melolontha

Maikäferplagen

„Jeder weiß, was der Maikäfer für ein Vogel sei. In den Bäumen hin und her fliegt und kriecht und krabbelt er." So beschreibt ihn Wilhelm Busch im fünften Streich von Max und Moritz.

Als er den Comic vor über 150 Jahren schrieb, gab es noch viele Maikäfer. Manchmal wurden sie zu einer richtigen Plage. Durch die Bekämpfung mit Giften waren sie lange Zeit verschwunden, doch heute gibt es wieder mehr Maikäfer.

AHA! Kartoffelkäfer

Einen besonderen Schädling kennt fast jedes Kind: den längsgestreiften gelben Kartoffelkäfer. Er stammt aus Colorado in den USA und gelangte erstmals 1877 nach Deutschland. Später breitete er sich über ganz Europa aus. Er kann sehr schädlich werden.

Schäden

Schädlich werden zunächst die Engerlinge, so nennt man die Larven der Maikäfer, weil sie Wurzeln fressen und so Sträucher und Bäume zum Absterben bringen. Die erwachsenen Käfer fressen vor allem die Blätter von Laubbäumen, bis hin zum Kahlfraß.

In der Regel folgt übrigens auf drei Jahre mit wenigen Maikäfern ein viertes Jahr mit deutlich mehr Tieren. Der Maikäfer war das einzige Insekt, das man früher in Deutschland aß, meist als Maikäfersuppe!

Metamorphose

Der Maikäfer lebt ein bis zwei Monate. Nach der Eiablage stirbt das Weibchen. Aus den Eiern schlüpfen kleine Larven. Sie leben im Boden und fressen Wurzeln. In den nächsten drei Jahren wachsen sie zu großen Engerlingen heran. Im Herbst des dritten Jahres verpuppen sie sich, überwintern und schlüpfen dann im Mai des vierten Jahres als fertige Käfer. Diese Entwicklung vom Ei zum fertigen Insekt heißt „Metamorphose" oder „Verwandlung".

Rüsselkäfer

Fichtenrüsselkäfer, Fichtenrüssler,
Hylobius abietis

Die größte Familie
Bisher sind rund 50.000 Arten von Rüsselkäfern bekannt, also fünfmal so viele wie Vögel. Damit ist diese Familie die größte im ganzen Tierreich. Rüsselkäfer sind leicht zu erkennen: Die Schnauze ist rüsselförmig und die Fühler haben einem deutlichen Knick.

MACH MIT! Insekten beobachten

Möchtest du Käfer und andere Insekten beobachten, gibt es einen einfachen Trick, um die Tiere für kurze Zeit zu fangen.

Grabe ein kleines Loch im Garten, und setze ein offenes Einmachglas hinein. Das Loch ist ein wenig tiefer, als das Glas hoch ist. In das Glas steckst du ein paar Apfelstücke und legst dann ein Brettchen über das Loch, sodass ein Schlitz zwischen Brettchen und Glasöffnung entsteht. Warte nun ab, welche Insekten angelockt werden. Nach dem Beobachten lässt du die Tiere natürlich wieder frei.

Waldbewohner
Obwohl alle Rüssler von Pflanzen leben, werden sie selten schädlich. Eine Ausnahme bildet der über einen Zentimeter lange Fichtenrüssler. Er frisst als erwachsenes Tier von Nadelhölzern, und seine Larve lebt in totem Holz.

Der Käfer ist nicht immer leicht zu erkennen, nicht nur wegen seiner braun-gelben Tarnfärbung. Bei der leisesten Erschütterung lässt er sich vom Zweig fallen, auf dem er gerade sitzt.

Gelbrandkäfer

Dytiscus marginalis

Atmung

Alle Schwimmkäfer müssen von Zeit zu Zeit zur Wasseroberfläche zurückkehren, um frische Luft aufzunehmen. Die erwachsenen Käfer, die etwa 2,5 bis 3,5 Zentimeter groß werden, ernähren sich von anderen Tieren, aber sie brauchen nicht viel Futter. Ihre schlanken, etwa 7 Zentimeter großen Larven hingegen gelten als ausgesprochen gefräßig. Mit ihren mächtigen Mundwerkzeugen saugen sie kleine Fische, Kaulquappen und sogar Molche aus.

Talentiert

Es gibt nicht viele Tierarten, die fliegen, schwimmen und auch noch laufen können. Den Gelbrandkäfern gelingt das. Am besten sind sie beim Schwimmen. Sie haben einen stromlinienförmigen Körper und durch einen Fransensaum verbreiterte Hinterbeine. Immer wieder verlassen sie ihr Heimatgewässer und fliegen nachts in neue Lebensräume. Dabei sammeln sie sich manchmal um Straßenlaternen, wo sie halbwegs geschickt mit zappelnden Bewegungen umherkrabbeln.

AHA! Taumelkäfer

Auf der Oberfläche von Tümpeln kreisen oft Gruppen kleiner Käfer mit schnellen Bewegungen. Bei jeder Störung tauchen sie unter. Ihr Körper liegt auf der Wasseroberfläche auf. Ihre Augen sind zweigeteilt: Die obere Hälfte ist zum Sehen in der Luft, die untere zum Sehen unter Wasser eingerichtet. Bei diesen Taumelkäfern sind das mittlere und das hintere Beinpaar eigentümlich verkürzt.

Rote Waldameise

Formica rufa

Nur Geschwister

Ein großes Nest der Roten Waldameise kann aus einer Million Tieren bestehen. Sie sind überwiegend Geschwister: Eine oder mehrere Königinnen, also fruchtbare Weibchen, legen Eier. Daraus entwickeln sich die vielen Arbeiterinnen. Sie sind unfruchtbare Weibchen, die alle Arbeiten im Nest erledigen und auf Futtersuche gehen. Männchen treten nur im Frühsommer auf und schwärmen mit den frisch geschlüpften Königinnen aus. Die begatteten Weibchen besiedeln entweder einen schon vorhandenen Bau oder gründen gemeinsam ein neues Nest.

Nester wie Hügel

Wohl jeder kennt die großen Kuppelnester der Roten Waldameise. Sie werden meist um einen morschen Baumstrunk herum gebaut und erstrecken sich auch tief in den Boden. Ein solches Nest kann man mit einem klimatisierten Hochhaus mit vielen Stockwerken und Gängen vergleichen. Die Ameisen bringen ihre Brut stets an die Stelle, die ihnen gerade am besten zusagt. Gefüttert werden die Larven mit anderen Insekten.

MACH MIT! Ameisenstraße

Findet eine Ameise etwas Leckeres zu futtern, hinterlässt sie eine Spur aus Duftstoffen am Boden, die auch die anderen Ameisen zum Leckerbissen führt. Probiere es aus: Lege ein Stück Apfel in die Nähe eines Ameisennests. Nachdem die erste Ameise das Obst entdeckt hat, kannst du beobachten, dass nach und nach auch andere Ameisen, wie auf einer Autobahnspur, zum Apfel laufen.

Honigbiene

Apis mellifica

Leben im Stock

Unter den Insekten gibt es nur wenige Haustiere, und das bedeutendste ist die Honigbiene. Sie bildet große Staaten, und man spricht von einem „sozialen Insekt". Im Stock lebt nur eine Königin. Sie legt die Eier. Hilfe bekommt die Königin von den Arbeiterinnen, das sind Weibchen, die selbst keine Eier legen können. Sie bauen die Wachszellen, halten das Nest sauber, ziehen die Larven auf und suchen Futter, besonders Blütennektar und Pollen.

Fortpflanzung

Die Männchen heißen Drohnen und treten nur im Frühsommer auf. Dann schwärmen sie während des Hochzeitsfluges mit neu geschlüpften Königinnen aus und paaren sich mit ihnen. Danach kehrt eine neue Königin zum Nest zurück. Die alte Königin ist mit der Hälfte ihres Stockes schon eine Woche zuvor ausgeschwärmt und hat ein neues Nest gegründet.

Bienensprache

Die Arbeiterinnen, die draußen Futter suchen, sagen sich gegenseitig Bescheid, wo die besten Nahrungsquellen zu finden sind. Bienen verständigen sich durch verschiedene Tänze. Ob eine Biene einen Kreis oder zwei Halbkreise tanzt und in welche Richtung ihr Hinterteil dabei zeigt, sagt den anderen Bienen alles, was sie über die Futterquelle wissen müssen.

Den Rundtanz führt eine Biene auf, wenn die Quelle weniger als 100 Meter entfernt ist. Den Schwänzeltanz tanzt sie, wenn eine Futterquelle weiter weg ist. Hier gibt sie auch die Richtung und ungefähre Entfernung an, wo die anderen Bienen suchen müssen.

Hummel

Erdhummel, *Bombus terrestris*

Lebenslauf

Hummeln sind große, pelzig behaarte Wildbienen. Sie haben ihre Nester meist im Boden. Gern ziehen sie in alte Mäusebaue ein.

Die Königin legt im Frühjahr einige Brutzellen mit je einem Ei und einen Vorratstopf für Honig an. Ihre ersten Nachkommen, allesamt unfruchtbare Arbeiterinnen, zieht sie selbst groß.

Da es im Frühjahr wenig Futter gibt, bleiben die ersten Arbeiterinnen klein. Sie übernehmen dann die Aufzucht der nächsten Generation, die meist größer ausfällt.

Am Ende des Sommers erscheinen neue Weibchen und Männchen. Im Herbst sterben alle Hummeln mit Ausnahme der begatteten Weibchen. Sie überwintern und gründen im Frühjahr ein neues Nest. In einem Nest der Erdhummel können bis zu 500 Tiere leben und es kann in 1,5 Metern Tiefe liegen.

MACH MIT! Durstlöscher für Hummeln

Mit einer Hummeltränke hilfst du den pelzigen Fliegern an heißen Tagen.

Lege Steine oder Murmeln in eine flache Schale und fülle sie etwa zur Hälfte mit Wasser. Achtung, Hummeln können nicht schwimmen, deshalb müssen Steine und Murmeln als Landeplätze aus dem Wasser herausragen. Stelle die Tränke an einen sonnigen, windgeschützten Ort. Auch andere Insekten, wie Bienen oder Falter, besuchen die Trinkgelegenheit gern.

Wespe

Gemeine Wespe, *Vespula vulgaris*

Lästig
Wo der Zwetschgenkuchen auf dem Tisch steht, sind die Wespen nicht weit. Sie teilen sich gegenseitig mit, wo es etwas Feines zu fressen gibt, und vertreiben damit manchen Kaffeeklatsch aus dem Garten.

Die schwarz-gelb gestreiften gewöhnlichen Wespen, von denen es mehrere Arten gibt, leben alle in Kolonien. Sie bestehen aus einer Königin und maximal 2.000 Arbeiterinnen. Diese sind unfruchtbare Weibchen.

AHA! Die Hornisse
Ihr eilt ein schrecklicher Ruf voraus. Diese größte aller einheimischen Wespen ist an der rotbraunen Färbung leicht zu erkennen. Sechs ihrer Stiche sollen ein Pferd töten. Das ist Unsinn. Erstens stechen sie nur sehr ungern, denn Hornissen sind eher friedliche Tiere. Und zweitens ist ihr Stich nicht schlimmer als der einer Wespe. Außer du bist gegen das Gift dieser Insekten allergisch. Dann ist besondere Vorsicht geboten!

Nestbau
Im Herbst sterben alle Arbeiterinnen. Nur die Königinnen überwintern und bauen im Frühjahr ein neues Nest. Es besteht aus fein zerkauten Holzteilchen, die mit Spucke zu einer pappe-artigen, festen Masse werden. Die Königin zieht die erste Brut selbst auf. Später legt sie nur noch Eier, und ihre Arbeiterinnen übernehmen alle Arbeiten im Nest. Im Herbst treten neue Königinnen und Männchen auf. Die Nester von Wespen sind oft in Dachstühlen zu sehen.

Goldfliege

Schmeißfliege, *Lucilia sericata*

Fleischreste

Zunächst einmal sehen diese Fliegen wunderbar aus mit ihrem metallisch grünen Körper. Wir sehen sie oft auf Blüten und besonders oft auf Kuhfladen, Hundekot und Ähnlichem. Daher stammt der Name „Schmeißfliege", wie die Goldfliege auch genannt wird. Denn „Schmeißen" bedeutete früher einmal „Kot abgeben" und „beschmutzen". Schmeißfliegen legen ihre Eier auf totes und faulendes Fleisch ab und sind deswegen in der Umgebung von Mülltonnen häufig zu finden.

AHA! Augenkeile

Die roten Halbkugeln vorn am Kopf der Goldfliege sind ihre Augen. Wie bei fast allen Insekten ist ihr Auge ein kompliziertes Gebilde. Dieses Komplexauge besteht aus Tausenden von keilförmigen Einzelaugen. Die Insekten können damit besonders gut Bewegungen wahrnehmen. Die größten Komplexaugen haben die Libellen.

Manchmal verirren sie sich sogar in den Kühlschrank. Neben den Goldfliegen gibt es in Deutschland besonders häufig auch eine größere blauschwarze Art, die sich ebenso verhält.

Mittel zur Heilung

Einige Goldfliegenarten leben als Maden in Wunden von Tieren. Sie fressen nur abgestorbenes Gewebe und machen sich dabei nützlich! Man glaubt es kaum: Ärzte verwenden bis heute sterile Maden, um schwer heilende Wunden zu behandeln.

Schwebfliege

Hainschwebfliege, *Episyrphus balteatus*

In der Luft stehen

Besonders auf gelben Blüten ist diese Schwebfliegenart häufig zu sehen. Im Gebirge kann es sogar zu Massenvermehrungen kommen. Dann ist die Luft von Tausenden dieser Fliegen erfüllt. Lautlos verharren sie in der Luft, selbst bei Wind.

AHA! Die Mistbiene

Zunächst halten die meisten Menschen diese Fliege für eine Biene und empfinden eine gewisse Scheu vor ihr. Aber bei genauem Hinsehen erkennt man, dass nur ein Flügelpaar vorhanden ist: also eine Fliege.

Die Mistbiene besucht Blüten. Nur die Larve macht ihrem unappetitlichen Namen alle Ehre. Sie lebt in Jauchegruben, also in extrem verschmutztem Wasser ganz ohne Sauerstoff. Um dennoch an Sauerstoff zu kommen, hat sie ein bis zu 10 Zentimeter langes Rohr, mit dem sie Luft von der Wasseroberfläche holt. Wegen dieses Rohres nennt man sie auch „Rattenschwanzlarven".

Gut getarnt

In Mitteleuropa leben ein paar hundert Arten dieser Fliegenfamilie. Viele von ihnen sind auffällig gelb-schwarz gezeichnet und erinnern sehr stark an Wespen. Man bezeichnet diese Art der Tarnung als „Mimikry". Dass sie aussehen wie eine Wespe, bietet den Fliegen einen gewissen Schutz vor Feinden. Viele Schwebfliegenlarven machen sich nützlich, indem sie Blattläuse fressen.

Tagpfauenauge

Inachis io

Brennnesselfresser
Und da behaupten manche, wirklich bunte Schmetterlinge gebe es nur in den Tropen! Das Tagpfauenauge ist ein besonders hübscher Falter, den du mit etwas Glück auch im Garten oder Park beobachten kannst. Seine Raupen ernähren sich ausschließlich von Brennnesseln, die heute häufig als Unkraut betrachtet und entfernt werden. Die Raupen leben gesellig zusammen und legen ein Gespinst an. Sie sind schwarz mit vielen weißen Punkten und tragen auffallend lange, schwarze Dornen.

In die Flucht geschlagen
Wenn das Tagpfauenauge auf einer Blüte sitzt, klappt es seine Flügel meist zusammen. Man sieht dann nur die dunkle Unterseite, die an ein dürres Blatt erinnert. Bei einer Bedrohung erzeugt der Falter ein zischendes Geräusch und klappt plötzlich die Flügel aus, um seine Augenzeichnung zu zeigen. Vögel, die den Schmetterling für leckeres Futter halten, erschrecken und ergreifen die Flucht. Die Augen auf den Flügeln des Falters erinnern an die großen Augen einer Eule oder eines Uhus, die zu den Fressfeinden kleiner Vögel gehören.

Nachtaktive Verwandtschaft?
Eine ganz ähnliche Augenzeichnung zeigt auch das Nachtpfauenauge. Die Männchen haben wunderhübsch gezeichnete Vorderflügel in Grau und Rosa mit dunklen Augen, die Hinterflügel leuchten in Gelborange mit Rosa und Augenzeichnung. Verwandt sind Tag- und Nachtpfauenauge aber nicht.
In den Tropen leben sehr große Arten mit geradezu überdimensionierten prächtigen Augen auf den Hinterflügeln.

Kleiner Kohlweißling

Pieris rapae

Kohlfresser

Wer Kohl anbaut, sieht weiße Schmetterlinge nicht gern, denn unter ihnen sind einige Schädlinge. Im Frühsommer kann man die grünlichen Raupen des Kleinen Kohlweißlings auf Kohlblättern sehen. Später fressen sie sich in das Herz der Kohlpflanze vor und zerstören sie ganz. Männchen und Weibchen der Kohlweißlinge sehen etwas unterschiedlich aus: Die Weibchen haben auf den Vorderflügeln eine stärker ausgedehnte schwarze Zeichnung mit mehr Flecken.

Verwandte Arten

Der Große Kohlweißling ist eindeutig größer als der Kleine. Die Weibchen haben ebenfalls stärker ausgeprägte schwarze Flecken. Der Rapsweißling ist genauso groß wie der Kleine Kohlweißling. Am leichtesten kann man ihn an der Unterseite der Flügel erkennen: Die Hinterflügel haben dort deutlich dunkle Flügeladern.

Weißlinge ohne Weiß

Nicht jeder Falter aus der Familie der Weißlinge ist weiß. Der männliche Zitronenfalter beispielsweise hat sattgelbe, der weibliche hellgelbe Flügel. Der Postillon ist auffallend orangerot mit schwarzer Zeichnung. Einer unserer schönsten heimischen Schmetterlinge, der Aurorafalter, fliegt im zeitigen Frühjahr. Der kleine Falter ist weiß und trägt auf den Unterseiten der Hinterflügel ein hübsches grünliches Muster. Die Spitzen der Vorderflügel sind schwarz mit einem kleinen Fleck in der Mitte. Beim Männchen leuchten die Spitzen der Vorderflügel zusätzlich orange.

Kleiner Fuchs

Aglais urticae

Leckerer Flieder

Wenn in eurem Garten oder auf eurem Balkon ein Schmetterlingsflieder wächst, hast du gute Chancen, einen Kleinen Fuchs zu beobachten. Der hübsche Tagfalter ist ein buntes Tier mit einer eher eintönig braunen Unterseite. Männchen und Weibchen sind gleich gefärbt. Die schwarzen Raupen leben fast ausschließlich an Brennnesseln und tragen lange Stacheln.

Wanderungen

Der Kleine Fuchs fliegt schnell und begibt sich auf kurze Wanderflüge. Er verlässt zum Beispiel im Herbst Gebirgslagen und begibt sich in tiefere und damit wärmere Gebiete, in denen er überwintert. Seine Nachkommen machen sich dann wieder auf den Weg ins Gebirge.

Die Schmetterlinge

Alle Schmetterlinge machen eine vollkommene Verwandlung durch: Aus dem Ei schlüpft die Raupe. Nach mehreren Häutungen verpuppt sie sich in einem schützenden Kokon. Dort entwickelt die Raupe sich zu einem erwachsenen Falter.

MACH MIT! Schmetterlings-Paradies

Willst du Schmetterlinge in den Garten locken, gelingt dies leicht mit Pflanzen, die die bunten Falter besonders gern mögen.

Brennnesseln verspeisen die Raupen von Tagpfauenauge, Kleiner Fuchs und Landkärtchen für ihr Leben gern. Vielleicht habt ihr eine Ecke in eurem Garten, die ihr sowieso kaum nutzt? Dort könntet ihr einen kleinen Brennnesselgarten anlegen. Beliebt zum Nektartrinken sind Schmetterlingsflieder, Lavendel, Zierdistel oder Phlox. Sie lassen sich auch in einem Kübel auf dem Balkon pflanzen.

Schmetterlinge haben vier Flügel, die mit Schuppen bedeckt sind. Mit ihrem Rüssel können die Falter nur Flüssigkeiten aufnehmen, meist Blütennektar.

Schwalbenschwanz

Papilio machaon

Falsche Augen

Es sind die Schwänzchen an den Hinterflügeln, die diesem großen, auffälligen Falter seinen Namen verliehen haben, denn sie erinnern an den tief gegabelten Schwanz der Schwalben. Oft fehlen diese Schwänze aber: Ein Vogel hat den Falter attackiert und ihm dabei die Augenzeichnung an den Schwänzen abgepickt. So schützt sich der Falter vor Fressfeinden.

Abschreckung

Die Raupe des Schwalbenschwanzes ist ebenso prächtig wie der Schmetterling: grün mit schwarzen Streifen und orangefarbenen Punkten. Sie schützt sich ganz anders. Wenn sie sich bedroht fühlt, stülpt sie am Nacken eine fleischige Gabel aus, die einen starken Geruch verströmt. Es handelt sich dabei um chemische Stoffe, die die Raupe mit ihrer Nahrung aufnimmt. Am wohlsten fühlt die Raupe sich an Möhren und Dill.

Der Segelfalter

Der Schwalbenschwanz gehört zur Familie der Ritterfalter. Sie umfasst vor allem in den Tropen einige hundert oft sehr bunte Falter. Der große Vogelfalter, der größte aller Tagschmetterlinge, zählt auch dazu.

In Mitteleuropa lebt noch eine zweite Art, der Segelfalter: Grundfarbe Weiß mit schwarzer zackenartiger Zeichnung. Er fliegt, wie auch der Schwalbenschwanz, gern um Hügelkuppen, Bergspitzen und Burgruinen. Dort treffen sich männliche und weibliche Falter.

Bläuling

Hauhechelbläuling, *Polyommatus icarus*

Schöne Männchen
Von den rund 50 heimischen Bläulingsarten ist der hier abgebildete Hauhechelbläuling der häufigste. Wenn man Männchen und Weibchen getrennt sieht, würde man nicht vermuten, dass sie zusammengehören. Das Männchen ist schön blau, das Weibchen überwiegend braun.

Spezialisierung
Viele Bläulingsarten sind bei uns stark gefährdet, manche sogar schon fast verschwunden. Ein Grund dafür ist, dass einige Bläulinge extrem spezialisiert sind. Eine Raupe frisst zum Beispiel nur die Blätter einer einzigen Pflanzenart, und auch das geschlüpfte Tier ernährt sich von deren Nektar. Verschwindet diese Pflanze, haben Raupe und Falter kein Futter mehr.

Ein anderer Bläuling lebt als Raupe erst von einigen Enzianarten. Dann aber lässt er sich von bestimmten Ameisen in ihr Nest bringen und dort füttern. Wenn die Ameisen ausbleiben, kann sich der Bläuling nicht mehr weiterentwickeln.

Rote Bläulinge?
Nicht alle Bläulinge sind blau! Die Feuerfalter etwa, die oft auf feuchten Wiesen vorkommen, sind ganz oder teilweise metallisch rot. Der Zipfelfalter, dessen Raupe an Brombeeren lebt, ist oben braun und unten grasgrün. Und nicht jeder blaue Falter ist ein Bläuling: In Südamerika leben große Falter mit unglaublich leuchtend blauen Flügeln. Sie heißen Morphofalter.

Brauner Bär

Arctia caja

MACH MIT! Nachtfalter anlocken

Der Braune Bär gehört zu den Nachtfaltern, weshalb du ihn tagsüber selten zu Gesicht bekommst. Mit ein paar Tricks kannst du Nachtfalter zu euch in den Garten oder auf den Balkon locken, um sie dort zu beobachten.

Die nachtaktiven Flieger lieben Licht. Sobald es dunkel wird, kannst du draußen eine kleine Lampe anknipsen, und die Insekten kommen von ganz allein. Du kannst auch Honig oder Sirup an eine Stelle schmieren, an der du Nachtfalter schon einmal beobachtet hast. Die Tiere mögen Süßes und flattern beim Verzehr der süßen Tropfen weniger hektisch, sodass du sie gut beobachten kannst.

Schutz vor Feinden

Die Raupe des Kleinen Bären hat lange braunschwarze Haare – fast wie ein Bärenfell. Daher hat dieser hübsche Nachtfalter seinen Namen. Außer vom Kuckuck wird die Raupe von Vögeln nicht gefressen.

Die erwachsenen Falter sitzen mit dachziegelartig zusammengeklappten Flügeln auf Baumrinde. Nur die Vorderflügel sind zu sehen. Bei Bedrohung zeigen sie plötzlich die roten Hinterflügel mit den großen Augen. Der Vogel erschrickt, zögert, und der Braune Bär entkommt. Außerdem schützen ihn widerlich schmeckende Körpersäfte. Hat ein Jungvogel einmal so einen unappetitlichen Happen erwischt, so merkt er sich das Farbmuster und verspeist den ekligen Falter bestimmt kein zweites Mal.

Taubenschwänzchen

Macroglossum stellatarum

Vogel oder Falter?

Das zu den Schwärmern gehörende Taubenschwänzchen erinnert im Flug an einen Kolibri. Genauso wie der kleine Vogel kann es auf der Stelle schwirrend Nektar aus Blüten saugen. Den lustigen Falter kannst du häufig in Gärten beobachten. Merkwürdigerweise ist die Art aber bei uns nicht richtig heimisch: Sie überlebt den Winter nicht, sondern wandert jedes Jahr aus dem Mittelmeergebiet zu uns. Schwärmer erkennt man auf den ersten Blick am dicken stromlinienförmigen Körper und den langen schlanken Flügeln. Sie verraten die ausdauernden und schnellen Flieger. Das Taubenschwänzchen wandert mit einer Durchschnittsgeschwindigkeit von 40 Stundenkilometern. Spitzengeschwindigkeiten von 100 Stundenkilometer kommen bei größeren Arten durchaus vor!

AHA! Wanderfalter

Es gibt nicht nur Zugvögel, sondern auch Wanderfalter. Der bekannteste ist der amerikanische Monarchfalter, der bei der Rückwanderung im Herbst nach Mexiko etwa 4.000 Kilometer weit fliegt.

Halb so weit fliegen auch das Taubenschwänzchen und der Distelfalter. Sie brauchen dazu zwei bis drei Wochen. Im Frühsommer treffen sie bei uns ein, vermehren sich hier und fliegen im Herbst zurück ins Mittelmeergebiet. Einzelne Tiere können aber möglicherweise bei uns überwintern. Die wichtigsten Wanderfalter bei uns sind: Admiral, Postillon, Windenschwärmer, Totenkopf und Gammaeule.

Posthornschnecke

Planorbarius corneus

Lebensweise

Am Häuschen dieser Schnecke kannst du meist etwa fünf Windungen erkennen. Das Gehäuse ist immer nach links gewunden. Die Posthornschnecke kommt besonders im Norden Deutschlands vor; im Osten kannst du sie bis nach Sibirien hin antreffen. Aquarienfreunde halten diese Schnecke gern: Sie ernährt sich von Algen, toten Pflanzenteilen und auch Aas, hilft also mit, das Gewässer sauber zu halten. Den Winter verbringt die Posthornschnecke eingegraben im Schlamm des Gewässerbodens. Sie wird höchstens drei Jahre alt.

Blutfarbstoff

Die Posthornschnecke hat rotes Blut. Wie wir Menschen besitzt sie den roten Blutfarbstoff Hämoglobin. Er scheint durch den Körper der Schnecke hindurch. Hämoglobin kann viel Sauerstoff aufnehmen, und deswegen gelingt es dieser Schneckenart, auch in sauerstoffarmem Wasser zu überleben. Den größten Teil der Atmung erledigt sie über ihre Haut. Ihre Lungen spielen nur eine geringe Rolle.

AHA! Die Raspelzunge

Schnecken haben keine beweglichen Kiefer oder Mundwerkzeuge. Um ihre Nahrung dennoch aufnehmen und zerkleinern zu können, haben sie auf einem Polster eine Raspelzunge.

Diese „Radula" besteht aus vielen tausend harten Zähnchen. Wie mit einer Feile raspeln die Tiere ihre Nahrung ab. Über einen Kropf gelangt sie in den Magen und den Darm.

Tausendfüßer

Tachypodoiulus niger

Ein Zahlenproblem

Leider gibt es keinen Tausendfüßer mit 1.000 Beinen. Der Name ist eine blanke Übertreibung, denn die Tiere haben maximal 750 Beine. Diese konnten bei einer in Nordamerika lebenden Art gezählt werden. Das abgebildete Tier bringt es auf rund 200 Beinpaare. Aber der Tausendfüßer mit den wenigsten Beinen hat nur 26 davon, weniger als jeder Hundertfüßer.

Woran erkennst du sie?

Die Tausendfüßer unterscheiden sich erheblich von den Hundertfüßern. Ihr Körper ist zylindrisch, kreisrund und hart gepanzert. Er besteht aus einer Vielzahl von Ringen, den Segmenten. Jedes sichtbare Segment trägt zwei Beinpaare. Deswegen heißen die Tausendfüßer auch Doppelfüßer. Sie sind durchweg harmlose Pflanzenfresser. Sie tragen viel zur Bildung von Humus bei. Es hat örtlich jedoch schon regelrechte Tausendfüßer-Plagen gegeben, durch die sich die Menschen gestört fühlten. Gründe für das gehäufte Auftreten sind möglicherweise sehr milde Witterungsverhältnisse. Tausendfüßern und Hundertfüßern ist gemeinsam, dass sie sich immer wieder häuten.

AHA! Abwehrstoffe

Wer einen Tausendfüßer in die Hand nimmt, kriegt rote Finger, und es kann gewaltig stinken. Die Tiere geben an den Körperseiten einen Chemiecocktail ab, der Feinde zuverlässig abschreckt. Einige verspritzen auch Blausäure! Solche giftigen oder unangenehmen Abwehrstoffe sind weit verbreitet im Tierreich. Man findet sie zum Beispiel beim amerikanischen Stinktier, bei Laufkäfern, Marienkäfern und Wanzen.

Regenwurm

Lumbricus terrestris

und befruchten sich gegenseitig. Eine besondere Rolle spielt dabei der sattelförmig verdickte Gürtel im vorderen Drittel der Würmer. Die Regenwürmer legen ihre Eier in einem Kokon ab. Nach vier bis zwölf Wochen schlüpfen die jungen Würmer.

Die wichtigste Frage

Wenn man einen Wurm mit dem Spaten durchtrennt, überlebt ein Ende, oder werden aus den beiden Teilen gar neue Würmer? Die Antwort ist nicht ganz einfach. Fest steht: Zwei lebensfähige Würmer werden nie daraus. In der Regel kann das Hinterende kein Vorderende ausbilden, das Vorderende hingegen ein Hinterende. Die vordere Wurmhälfte überlebt, wenn der Schnitt hinter dem 10. Ring (Segment) erfolgt. Das Hinterende wächst dann nach. Nur wenn höchstens die vordersten vier Segmente abgetrennt werden, kann das Hinterteil des Wurms diese Segmente ergänzen und somit überleben.

Zwitter

Die Regenwürmer sind Männchen und Weibchen zugleich. Man nennt sie „Zwitter". Bei der Paarung legen sie sich aneinander

MACH MIT!

Regenwürmer-Beobachtungsstation

Fülle ein Einmachglas abwechselnd mit Erde und Sand. Jede Schicht feuchtest du leicht mit Wasser an. Zum Schluss legst du etwas welkes Laub oder welke Salatblätter obenauf. An einem feuchten Tag gräbst du mit einer Schaufel vorsichtig im Komposthaufen oder im Beet nach Regenwürmern. Setze sie auf die Blätter ins Einmachglas.

Nun kannst du beobachten, wie die Würmer nach und nach immer mehr Gänge in das Erdgemisch graben und die Blätter in ihre Gänge ziehen. Halte die Erde feucht, und bewahre das Glas an einem kühlen, dunklen Ort auf, am besten mit einem Tuch abgedeckt. Nach spätestens drei Tagen solltest du die Würmer wieder freilassen.

Pferdeegel

Haemopis sanguisuga

Mit Saugnapf

Der Pferdeegel frisst Frösche, Würmer und Weichtiere wie Schnecken. Er kann auf dem Gewässerboden auch langsam kriechen. Dazu verwendet er seinen vorderen und den hinteren Saugnapf: Er saugt sich mit dem vorderen fest und zieht den hinteren nach. Dann saugt sich dieser fest, und das Tier streckt seinen Körper nach vorn.

AHA! Aderlass

Die Ärzte im 19. Jahrhundert taten oft nicht viel mehr, als ihren Patienten Blut abzuzapfen, weil sie glaubten, darin seien schädliche Stoffe. Man nannte das einen „Aderlass".

Oft verwendete man dazu den Medizinischen Blutegel. Er wurde angesetzt und saugte bis zu 15 Milliliter Blut. Da der Egel einen die Gerinnung hemmenden Speichel in die Wunde einspritzte, blutete die Wunde oft stundenlang nach. Auch heute wird der Blutegel von Ärzten noch eingesetzt.

Blut-Egel?

Mit einer eleganten, schlängelnden Bewegung schwimmt der Pferdeegel auf uns zu, wenn wir mit nackten Beinen im Teich stehen. Er heftet sich mit seinem vorderen Saugnapf an die Haut … und dann geschieht nichts mehr. Der Pferdeegel hat zu schwache Mundwerkzeuge, um unsere Haut zu durchstoßen und Blut zu trinken. Wenn das aber trotzdem geschieht und der Egel immer dicker wird, haben wir einen (seltenen) Medizinischen Blutegel an uns!

FISCHE, LURCHE, KRIECHTIERE

Hecht

Esox lucius

Riesenhechte

Wenn ein Hecht größer wird als einen Meter, handelt es sich immer um ein Weibchen. Sie können bis zu 13 Kilogramm schwer werden. Die Hechte pflanzen sich im zeitigen Frühjahr fort. Pro Kilogramm Körpergewicht legt das Weibchen rund 40.000 Eier – den Laich! Man kann ihn oft auf überschwemmten Wiesen als Laichballen sehen.

Aggressiver Räuber

Der Hecht frisst alle Arten von Fischen, sogar seine Artgenossen verschmäht er nicht. Daneben macht er auch Jagd auf Frösche, Vögel und kleine Säugetiere. Der Hecht besitzt den sogenannten Schnappreflex: Er schießt allem hinterher, was sich im Wasser bewegt, und schnappt zu.

Auf der Jagd

Unbeweglich wartet der Hecht zwischen Wasserpflanzen, vor allem im Schilfröhricht, und lauert darauf, dass ihm ein Kleinfisch zu nahe kommt. Blitzschnell stößt er zu. Dank seiner nach hinten verlagerten Rücken- und Afterflosse kann der Hecht schneller beschleunigen als die meisten anderen Fische. Was ein Hecht einmal gepackt hat, gibt er nicht mehr her, denn seine nadelspitzen Zähne sind nach hinten gerichtet.

Karpfen

Cyprinus carpio

Die Zucht

Wenn wir an Weihnachten einen Karpfen essen, folgen wir einer Tradition, die viele Jahrhunderte alt ist. Die Geschichte begann mit den Römern. Sie führten den Karpfen aus Asien ein und brachten ihn auch nach Mitteleuropa. Im Mittelalter war er der beliebteste Fisch und wurde überall in Teichen gehalten. Die Menschen waren damals sehr gläubig und fast jeden zweiten Tag war es aus religiösen Gründen verboten, Fleisch zu essen. Besonders Mönche aßen stattdessen Karpfen.

Die Angler lieben den Karpfen, und einige machen Jagd auf den noch größeren Riesenkarpfen.

Die Schuppen

Die ursprünglichsten Karpfenformen haben ein vollständiges Schuppenkleid und heißen „Schuppenkarpfen". Wilde Karpfen sind schlank und lang gestreckt, fast wie eine Forelle. Gezüchtete Karpfen haben dagegen einen höheren Rücken. Beim Spiegelkarpfen sind wenige Schuppen stark vergrößert, und der Lederkarpfen hat keine Schuppen mehr.

AHA! Der Koi, ein Zierkarpfen

In China und Japan gilt der Karpfen als Symbol der Tüchtigkeit und des Erfolgs. Er wird dort seit jeher gezüchtet. Farbige Karpfen traten erstmals vor 200 Jahren in Japan auf. Heute erzielen die schönsten dieser sogenannten Koi-Karpfen Preise von vielen tausend Euro. Sie werden inzwischen auch außerhalb Japans gezüchtet.

Wels

Waller, *Silurus glanis*

Riesenfisch

Der Wels gilt als unser größter heimischer Fisch, und es gibt Schauergeschichten, dass Riesenexemplare auch badende Menschen schon in den Oberschenkel gebissen haben sollen. Die Bezeichnungen „Wels" erinnert an das Wort „Wal". Der Wels wäre demnach der Wal des Süßwassers. Er kann ganze 2 Meter lang werden und über 100 Kilogramm wiegen!

MACH MIT!

Unterwasserfernglas

Zunächst löst du mit einem Dosenöffner Boden und Deckel einer leeren Dose heraus. Lass dir dabei am besten von einem Erwachsenen helfen. Danach spannst du ein Stück Klarsichtfolie vor eine Öffnung der Dose und befestigst es mit einem Gummiband. Nun kannst du dein Fernglas mit der Folien-Seite zuerst in ein flaches Gewässer tauchen und beobachten, was vorbeischwimmt. Der Wasserdruck wölbt die Folie nach innen, sodass du alles vergrößert siehst.

Lebensweise

Der Wels lebt gern in großen Weihern, schlammigen Seen und auch in Flüssen. An seinem flachen Kopf befinden sich vorn zwei lange und vier kürzere Fäden, die Barteln. Welse sind Jäger. Erst fressen sie Fischbrut und Kleinfische. Mit zunehmendem Alter verspeisen sie alles, was sich bewegt: Frösche, Wasservögel und Säugetiere. Besonders gern gegessen wird der Wels in Osteuropa.

Schleie

Tinca tinca

Allgemeines

Die Schleie erkennt man an der dunkel olivgrünen Farbe und an der dicken Haut mit zahlreichen kleinen Rundschuppen. Ihre Verwandte, die Goldschleie, wird als Zierfisch gehalten und ist fast orangefarben. Die Schleie wird nicht so groß wie der Karpfen. Wenn sie ein Gewicht von 5 Kilogramm erreicht, ist das für die Schleie schon sehr schwer. Sie ernährt sich von Kleinstlebewesen, Schnecken und Algen.

Überlebenskünstlerin

Steigt die Wassertemperatur über 28 Grad oder fällt sie unter 10 Grad, hört die Schleie auf zu fressen. Sie wird träge und fährt den Stoffwechsel herunter. Dann gräbt sie sich in den Schlamm ein und wartet, bis die Bedingungen wieder günstiger werden. Auf diese Weise überlebt die Schleie sogar, wenn ihr Gewässer austrocknet oder einfriert. Deswegen kann sie auch in sehr kleinen Weihern überleben.

Karpfenfische

Der Karpfen bildet mit seiner weitläufigen Verwandtschaft aus rund 2.500 Arten die große Familie der Karpfenfische. Auch die Schleie gehört dazu. Der Angler nennt Karpfen manchmal auch „Weißfische". Sie haben keine Zähne auf den Kiefern, nur zahnartige Fortsätze auf den Schlundknochen. Zur Familie zählen neben der Schleie auch Rotauge, Brachse, Karausche, Barbe, Aland, Döbel und Hasel.

Stichling

Dreistacheliger Stichling, *Gasterosteus aculeatus*

Schwarmfisch

Der bis zu 8 Zentimeter lange Stichling ist auf der gesamten Nordhalbkugel unserer Erde verbreitet. Er kann sogar im Brackwasser, das ist ein Gemisch aus Süß- und Salzwasser, leben. Es entsteht häufig, wenn zum Beispiel ein Fluss in ein Meer mündet und Süß- und Salzwasser aufeinandertreffen. Auch im küstennahen Salzwasser überlebt der Stichling. Stichlinge ernähren sich von Kleintieren, sind selbst aber auch eine wichtige Nahrungsquelle für Raubfische wie den Hecht und für Vögel wie den Graureiher. Für Forscher, die sich mit dem Verhalten von Tieren beschäftigen, ist der Stichling sehr spannend, denn er pflanzt sich auf eine sehr interessante Weise fort.

Fortpflanzung

Im Vorfrühling bekommen die Männchen einen leuchtend roten Bauch und suchen sich einen Nistplatz zwischen den Wasserpflanzen. Diesen Platz verteidigen sie gegen andere Männchen, zunächst durch ein Drohverhalten, dann auch durch Kampf. Aus Pflanzen bauen sie ein Nest, dessen Teile sie mit Schleim verfestigen. Dann bohren sie mit ihrem Körper eine Röhre hindurch. Dort legt das Weibchen nach der Balz seine Eier ab und verlässt den Ort sofort. Daraufhin besamt das Männchen die Eier und kümmert sich fortan um sie, indem es ihnen zum Beispiel Frischwasser zufächelt. Schimmelig gewordene Eier werden entfernt. Zwei Wochen lang bewacht das Männchen die geschlüpften Jungfische. Dann geht jeder seines Weges. Das Weibchen beteiligt sich nicht an der Aufzucht der Jungen.

Teichfrosch

Rana esculenta

Mischwesen
Der grasgrüne Teichfrosch ist im gesamten Tierreich einzigartig. Er ist nämlich eine Kreuzung aus zwei verschiedenen Fröschen.

Teichfrösche werden geboren, wenn sich der meist olivbraune oder olivgrüne Seefrosch mit dem Kleinen Wasserfrosch paart. Normalerweise sind solche durch Kreuzung von zwei Tieren entstandenen Lebewesen unfruchtbar und können keinen Nachwuchs bekommen. Das gilt zum Beispiel für die Kreuzung aus Pferd und Esel, den Maulesel und das Maultier. Aber die Teichfrösche können sich fortpflanzen.

Quak-Konzert
Teichfrösche sitzen gern am Ufer von Weihern oder auf Wasserpflanzen, wie der Seerose, und sonnen sich. Beim Sonnenbad lässt sich ein Teichfrosch prima beobachten. Während der Paarungszeit in Mai und Juni kannst du laute Froschkonzerte hören.

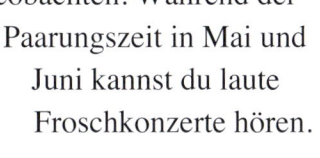

Die Männchen versuchen die Weibchen durch lautes Quaken zu beeindrucken. Dazu tun sich häufig mehrere Männchen zusammen und legen sich gemeinsam ins Zeug. Beim Quaken treten zwei ausstülpbare Schallblasen hinter den Mundwinkeln der Frösche hervor.

Erdkröte

Bufo bufo

Richtig giftig!

Die Erdkröte ist ein harmloses Tier, und dennoch produziert sie eine außerordentlich starke Giftmischung. Am meisten davon findet sich in den wulstigen Ohrdrüsen. Wenn man eine Erdkröte grob anfasst, gibt sie ihr milchiges Gift ab. Man darf es keinesfalls auf die eigenen Schleimhäute, wie Augen oder Mund, bringen. Hätte die Kröte so etwas wie einen Giftstachel, müsste man sie wirklich fürchten.

MACH MIT! Kröten-Unterschlupf

Ein Steinhaufen ist ein prima Versteck für Kröten und ganz leicht selbst gebaut. Da manche Steine schwer sein können, holst du dir einen Erwachsenen dazu. Zusammen hebt ihr eine etwa 40 Zentimeter tiefe und 1 x 1 Meter große Mulde an einem sonnigen, geschützten Ort aus. Anschließend sammelt ihr Steine aus der Umgebung und schichtet sie zu einem Hügel auf. Dabei tragt ihr am besten Arbeitshandschuhe. Schichtet runde und flache, große und kleine Steine gemischt auf. So entstehen Lücken und Unterschlupfmöglichkeiten zwischen den Steinen.

Krötenwanderung!

Im März wachen die Erdkröten in ihrem Winterunterschlupf auf und begeben sich in das Gewässer, in dem sie selbst zur Welt gekommen sind. Dabei kommt es zu massenhaften Krötenwanderungen. Wenn sie über Straßen führen, sind die Tiere sehr gefährdet. Amphibienfreundinnen und -freunde stellen dann Krötenzäune auf und tragen die Tiere in Sammeleimern über die Straße. Manche Straßen haben auch Krötentunnel. Solche Wanderungen führt auch der Teichmolch durch.

Ringelnatter

Natrix natrix

Wasserschlange

Nur eine einzige Schlangenart in Mitteleuropa geht regelmäßig ins Wasser und schwimmt dort elegant schlängelnd: die Ringelnatter. Man erkennt sie auch am gelben Hinterkopffleck. Das Weibchen wird bis zu 1,5 Meter lang, während das Männchen unter einem Meter bleibt.

AHA! Die Kreuzotter

Die Kreuzotter hat einen schlechten Ruf, weil sie giftig ist. Aber sie hat nur so wenig Gift, dass es einem gesunden Menschen nichts Ernsthaftes anhaben kann. Höchstens Kleinkinder sind gefährdet, aber bei jeder Störung oder Bedrohung flieht die Kreuzotter unter Steine oder ins Gras.

Sie ist sehr scheu, und kaum jemand hat sie schon beobachtet. Du erkennst sie am dunklen Zickzackband auf dem Rücken.

Totstellen

Die Ringelnatter ist sehr scheu. Trotzdem kann es einmal vorkommen, dass man sie überrascht. Wenn sie keinen Ausweg mehr weiß, greift sie an und stößt mit dem Kopf zu, meist aber mit geschlossenem Maul. Nur in ganz wenigen Fällen beißt sie, aber sie ist ungiftig. Manchmal stellt sie sich tot: Sie erschlafft, dreht sich auf den Rücken und lässt sogar ihre Zunge heraushängen. Wenn man sie in die Hand nimmt, entleert sie gelegentlich die Kloakendrüse, und dieser gelbe Saft riecht dann ziemlich übel.

Tierspur: Seite 155

VÖGEL

Blaumeise

Cyanistes caeruleus

AHA! Sprechende Vögel

Vögel verständigen sich untereinander durch eine Vielzahl von Lauten und Gesängen. Alles was ein Vogel von sich gibt, hat eine bestimmte Bedeutung. Eine Sprache wie wir haben sie nicht. Trotzdem können einige unter ihnen menschliche Laute gut nachahmen, und manchmal scheint es, als mache es ihnen Spaß.

An erster Stelle stehen hier der Graupapagei, der Wellensittich und der Beo. Begabt ist auch unser heimischer Star. Er spottet gern, das heißt, er ahmt die Stimmen anderer Vögel oder Geräusche nach. Sehr gut können das auch die vier heimischen Spötterarten.

Geschickte Turner

Meisen sind kleine gedrungene Vögel mit kurzem Schnabel, die geschickt im Geäst von Bäumen und Büschen herumturnen. Im Sommer ernähren sie sich vor allem von Insekten und deren Larven, im Winter gehen sie auf Körnerfutter über.

Vier Arten sind in Deutschland häufig: Kohl- und Blaumeise, Tannen- und Haubenmeise. Die beiden zuletzt genannten kommen überwiegend in Nadelwäldern vor. Die Haubenmeise erkennt man vor allem an der Federhaube auf dem Kopf.

Kohlmeise

Parus major

Überall verbreitet

Die häufigste und größte Meisenart ist die Kohlmeise. Sie kommt überall vor: in Wäldern, Parks und Gärten. Ihren Namen hat sie vom kohlrabenschwarzen Kopf, nicht von der Pflanze. Kohlmeisen sind wirklich fleißige Eltern. Sie brüten bis zu dreimal im Jahr und legen jedes Mal bis zu zwölf Eier. Eigentlich müsste da die ganze Welt voller Kohlmeisen sein. Aber im Schnitt überleben von rund 30 Jungen nur zwei bis zum nächsten Frühjahr.

AHA! Vogelzug

Es ist keinesfalls so, dass im Herbst alle Vögel in den Süden ziehen, wie etwa der Storch. Die Mehrzahl der Vögel sind sogenannte Teilzieher: Ein Teil von ihnen zieht in den Süden, ein Teil bleibt hier. Die Strichvögel bleiben mehr oder minder in ihrem Brutgebiet, wechseln aber bei schlechter Witterung den Landstrich: Sie wandern nach Westen oder in die Städte. Die Standvögel bleiben stur in ihrem Brutgebiet, etwa die Elster.

Höhlenbrüter

Die Kohlmeise brütet wie alle Meisen in Höhlen, die das Weibchen selbst in morschen Bäumen baut. Auch in künstliche Nistkästen legen diese Meisen gern ihre Eier. Den Winter verbringen die Kohlmeisen bei uns und gehen dann auf Körnerfutter über. Die Blaumeise hingegen ist ein Teilzieher. Das heißt, wenn der Winter besonders kalt ist, ziehen sie ein Stück weiter, um genug Nahrung zu finden.

Amsel

Schwarzdrossel, *Turdus merula*

Ehemals scheu
Noch vor 200 Jahren war die Amsel ein scheuer, eher seltener Waldvogel. Dann begann sie in Dörfer, Gärten und Städte einzuwandern, und heute hat sie sich so weit vermehrt, dass sie zu den häufigsten Vögeln zählt. Ihr melodiöser lauter Gesang ist heute selbst in Städten zu hören. Man hört ihr dabei an, dass sie zu den stimmbegabten Drosseln zählt.

Weiße Federn
Nur das Männchen ist schwarz mit gelbem Schnabel. Das Weibchen zeigt ein dunkelbraunes Gefieder mit braunem Schnabel.

Besonders bei den Männchen fallen immer wieder Tiere auf, bei denen einzelne Federn oder Gefiederteile weiß gefärbt sind, bis hin zu fast weißen Amseln. In der Nähe des Menschen überleben solche Amseln aber viel eher als im Wald. Deswegen treten sie in Städten gehäuft auf. Die Weibchen sind davon viel seltener betroffen.

Unerwünschter Gast
Als der Kontinent Australien von Europäern besiedelt wurde, brachten die Menschen Tiere aus ihrer Heimat mit – unter anderem auch die Amsel. Heute ist die Amsel nicht mehr gern gesehen, weil sie Früchte in Obstplantagen und Gärten frisst oder anpickt. Auch Neuseeland hat unter einer Amselplage zu leiden.

Tierspur: Seite 155

Haussperling

Spatz, *Passer domesticus*

Grund zur Sorge?
Den Haussperling kennst du sicher. Er zählt weltweit zu den häufigsten Singvögeln. Aber in den letzten 50 Jahren sind die Bestände auf der ganzen Welt zurückgegangen. Gründe für den Rückgang gibt es viele. Vielleicht der wichtigste ist, dass er als Körnerfresser nicht mehr genügend Nahrung auf den Feldern findet. Die heutigen Erntemaschinen arbeiten so gut, dass kaum mehr Körner für ihn übrig bleiben. Zusätzlich findet der Spatz immer weniger geeignete Nistmöglichkeiten.

MACH MIT! Snack-Rolle für Vögel

Im Winter kannst du hungrigen Vögeln mit selbst gemachten Futterrollen helfen. Dazu brauchst du nur einige leere Klopapierrollen, Honig, Wollfaden und Vogelfutter (z. B. Sonnenblumenkerne, Haferflocken, Rosinen oder klein gehackte Nüsse). Gib das Vogelfutter auf einen flachen Teller, streiche die Rollen mit Honig ein, und wälze sie dann im Futter, bis sie ganz bedeckt sind. Anschließend ziehst du ein Stück Wollfaden durch die Rollen und hängst sie in Bäumen auf.

Feldsperling
Im Gegensatz zu den Weibchen sind Spatzenmännchen deutlich abwechslungsreicher gezeichnet. Auf dem Bild siehst du ein Männchen. Die Weibchen sind schlicht bräunlich-grau. Und dann gibt es noch den Feldsperling mit einem schwärzlichen, keilförmigen Fleck auf den Wangen. Männchen und Weibchen sehen gleich aus.

Tierspur: Seite 155

Star

Sturnus vulgaris

besonders im Juli. Vor allem schließen sie sich zu Schlafgesellschaften zusammen. Große Schwärme können aus vielen tausend Tieren bestehen, und es ist faszinierend zuzusehen, wie sie in einer Wolke gleichzeitig dieselben Flugbewegungen durchführen. Natürlich locken so viele Stare Fressfeinde an, wie Falken. Aber diese Räuber haben kein leichtes Spiel. Es ist viel schwieriger, einen Star aus einer großen Gruppe zu fangen als ein Einzeltier irgendwo in der Natur.

Schlichte Pracht

Außerhalb der Brutzeit trägt der Star schwarze, grün oder purpurn glänzende Federn mit hellen Spitzen, sodass das Gefieder wie gesprenkelt aussieht. Mit der Zeit nutzen sich die hellen Spitzen ab, sodass der Star im Frühjahr im einfarbig schwarzen Prachtkleid erscheint.

Gemeinsam stark

Stare erkennt man im Flug daran, dass sie längere Strecken mit ausgebreiteten Flügeln segeln. Stare bilden oft riesige Schwärme,

AHA! Weltbürger

Stare singen gern: Sie sitzen auf einer erhöhten Stelle, wie einem Baumwipfel, und sträuben dabei ihr Gefieder. Der Star ist ein Spötter: Er ahmt gern andere Tiere und Geräusche nach, wie Hundegebell, Rasenmähermotoren oder Klingeltöne.

Der Star ist auch in Nordamerika, Australien, Neuseeland und Südwestafrika zu Hause und gilt mancherorts als Schädling.

Wacholderdrossel

Turdus pilaris

Krammetsvögel
Die Wacholderdrossel gehört zu den Drosselarten mit dunkel gefleckter Brust. Du erkennst sie gut an ihrem hellgrauen Kopf und der hellen Schwanzwurzel sowie am schwarzen Schwanz.

Die Wacholderdrossel war einst eine der beliebtesten Delikatessen. Früher hieß sie auch „Krammetsvogel", weil sie gern Krammetsbeeren (Wacholderbeeren) frisst.

Noch um 1900 wurden in Deutschland weit über 100.000 Tiere gefangen und verkauft. Seit 1908 darf sie nicht mehr gejagt werden.

Kampfflieger
Seit über 30 Jahren zeigt die Wacholderdrossel ein Verhalten, das man zuerst in Skandinavien beobachtet hat. Sie attackiert sitzende Greifvögel und bespritzt sie während des Fluges mit Kot. Dieser verklebt die Federn, sodass die angegriffenen Tiere flugunfähig werden und verhungern.

Drosselschmiede
Alle Drosseln, aber besonders die Singdrossel, fressen gern Bänderschnecken. Mit dem Schnabel allein können sie deren Häuser aber nicht aufbrechen. Das gelingt nur auf einem Stein, der „Drosselschmiede". Der Vogel schlägt das Schneckenhaus gegen den Stein, bis es aufbricht. Die Drosseln kehren immer wieder dorthin zurück und hinterlassen eine Menge leere Schneckenschalen.

Zaunkönig

Troglodytes troglodytes

Schneekönig

Schon sein Name lässt vermuten, dass dieses winzige Vögelchen eine bedeutende Rolle in Sagen und Märchen, in Dramen und Gedichten spielt. Bei uns hieß der Zaunkönig lange Zeit „Schneekönig", weil er mitten im Winter laut schmetternd singt. Daher stammt die Redensart: „Sich freuen wie ein Schneekönig."

Vogelstimmen

Fast alle Vögel haben eine Stimme. Den Gesang des Zaunkönigs erkennst du an seiner Lautstärke und der Länge des Gezwitschers.

Die Männchen schmettern ganze Lieder mit mehrere Strophen, die bis zu 500 Meter weit zu hören sind. Mit einem lauten „trrrrr" schlägt der Zaunkönig bei Gefahr Alarm. Die Laute von Vögeln sind oft so charakteristisch, dass man sie nach ihrem Gesang bestimmen kann.

Immer aktiv

Man erkennt den Zaunkönig an seinem keck aufgestellten Schwanz und an seiner Rastlosigkeit. Lebhaft huscht er durch die Zweige von Büschen oder flattert in einem geradlinigen Flug von Hecke zu Hecke. Bei Erregung knickst er. Er frisst kleine Insekten und Spinnen. Mit seinem winzigen Schnabel gelangt er in jede Ritze und findet auch im Winter genügend Nahrung. Deswegen fliegt er im Winter nicht in den warmen Süden: Er ist ein Standvogel.

Der Zaunkönig baut in Hecken, dichtem Buschwerk und Mauernischen ein kugelförmiges Nest mit seitlichem Eingang. Die Männchen bauen einige Rohbauten vor der Paarung. Selbst nach der Paarung bauen sie weiter und haben am Ende bis zu fünf Familien. Aber bei der Aufzucht der Jungen helfen sie nicht mit.

> **AHA! Rekordvögel**
>
> Der Zaunkönig gehört mit rund 10 Gramm zu unseren kleinsten heimischen Vögeln. Noch kleiner sind nur Goldhähnchen. Der größte flugfähige Vogel ist die Großtrappe (bis 18 Kilogramm), bei den flugunfähigen ist es der Strauß (bis 110 Kilogramm). Über den schnellsten Vogel kann man sich streiten. Über längere Strecken führt wohl der Mauersegler mit 200 Stundenkilometern.

Nachtigall

Luscinia megarhynchos

Einzigartiger Gesang
Der Name „Nachtigall" bedeutet eigentlich „Nachtsängerin". Nun singt die Nachtigall auch tagsüber, aber abends und nachts fällt ihr melodiöser, flötender Gesang doch am meisten auf, weil dann fast alle übrigen Vögel schweigen. Ein Nachtigallenmännchen beherrscht ungefähr 200 verschiedene Strophen, die es in frühester Jugend von benachbarten Nachtigallen gelernt hat. Der Gesang gehört zu den kompliziertesten im Vogelreich. Die Männchen markieren damit ihr Revier und locken Weibchen an. Den singenden Vogel sieht man übrigens kaum, weil er mit seinem einfarbig braunen Gefieder gut getarnt ist.

Naher Verwandter
Hauptsächlich im nordöstlichen Europa lebt eine der Nachtigall sehr ähnliche Art, der Sprosser. Man bezeichnet beide auch als Schwesterarten. Äußerlich ist der Sprosser kaum zu unterscheiden. Sein Gesang unterscheidet sich von dem der Nachtigall, aber man muss schon ein Spezialist sein, um die beiden Arten auseinander halten zu können. Jedenfalls verwendet der Sprosser viel weniger flötende Strophen.

Wie Vögel hören
Vögel haben Ohren ähnlich wie wir, allerdings keine Ohrmuscheln. Die Öffnung ihres Gehörs wird von Federn verdeckt. Vögel hören ungefähr so gut wie wir. Die absoluten Meister sind die Eulen. Sie können allein mit dem Gehör eine auf dem Boden laufende Maus ausmachen und auch fangen.

Kleiber

Spechtmeise, *Sitta europaea*

Ein Lehmbauer

Eigentlich ist der Kleiber ein Kleber. Er verklebt das Einflugloch seiner Bruthöhle weit gehend mit feuchtem Lehm. Am liebsten nimmt er dafür eine leer stehende Spechthöhle. Durch das so verkleinerte Einflugloch können Raubtiere wie Marder oder Krähen nicht eindringen und seine sechs bis acht Eier stehlen. Männchen und Weibchen bleiben ihr ganzes Leben zusammen und wechseln ihr Revier nicht.

Standvogel

Der Kleiber frisst im Sommer Insekten und ihre Larven, die er an Bäumen und unter deren Rinde findet. Im Winter frisst er auch Pflanzensamen. Er klemmt sie in eine Rindenritze und hämmert sie mit seinem Schnabel auf.

Als Standvogel ist er auch im Winter in Gärten, Parks und Laubmischwäldern zu sehen. Vor allem liebt er alte Baumbestände. Meist hört man ihn, bevor man ihn sieht. Denn er zwitschert gern und laut mit einer unverkennbaren Stimme: „twiht, twiht"-Rufe und trillernde „tsirr"-Rufe sowie ein pfeifendes „tüh" verraten ihn.

Baumvögel

Drei Gruppen von Vögeln haben sich in Mitteleuropa an das Leben auf Bäumen und besonders Baumstämmen angepasst. Die bekanntesten sind die Spechte. Sie klettern senkrecht den Baum hoch und stützen sich dabei mit dem Schwanz ab. Das tun auch die Baumläufer. Der Kleiber stützt sich beim Klettern nicht mit seinem Schwanz ab. Als einzige Art kann er auch kopfüber die Baumstämme hinunterlaufen.

Goldammer

Emberiza citrinella

Samenfresser

Erwachsene Goldammern leben überwiegend von Samen, und das zeigt sich auch in ihrem Namen: Die Bezeichnung „Ammer" ist mit einer uralten Getreidesorte verwandt, einer Weizenart, die wir heute „Emmer" nennen. In manchen Gegenden wird die Goldammer auch „Emmerling" genannt. Golden sind bei dieser Ammer vor allem die Männchen. Das Weibchen zeigt im Gefieder weniger Gelb, dafür mehr Braun, besonders am Kopf.

AHA! Die Singvögel

Zoologen teilen die Vögel in rund 30 Gruppen ein, wie die Hühnervögel, die Regenpfeiferartigen oder die Greifvögel. Die größte Gruppe mit über der Hälfte aller Arten sind die Sperlingsvögel. Zu ihnen gehören als Untergruppe die Singvögel. Singvögel sind meist kleine, schnelle Flieger. Der Gesang ist eines ihrer Hauptmerkmale. Dementsprechend gut hören diese Tiere. Sie können Töne besser unterscheiden als wir. Selbst schnell gespielte Tonfolgen behalten sie im Gedächtnis.

Wie singt sie?

Die Goldammer sitzt häufig auf Telefonmasten und -drähten und singt dabei gern ein Lied. Die Männchen locken mit einem unverkennbaren „zizizizizizii-düh" die Weibchen an. Sie liebt offenes Gelände mit vielen Hecken und Gebüschen, aber auch Waldränder. Am leichtesten sieht man sie im Winter, wenn sie in größeren Gruppen auf abgeernteten Feldern nach Samen sucht.

Buchfink

Fringilla coelebs

Rufe

Das deutsche Wort „Fink" ist wahrscheinlich lautmalerisch und umschreibt den Lockruf „pink" des Finken. Bei seinem zweiten Laut, dem „trürr" oder „trüb" oder „trief", glaubten die Menschen, der Vogel kündige Regen an. Deswegen gilt der Buchfink mancherorts als Wetterprophet.

AHA! Lateinische Namen

Der Buchfink heißt in jeder Sprache anders, im Englischen zum Beispiel „Chaffinch", im Estnischen „Metsvint". Eine internationale Verständigung ist da sehr schwer. Deswegen trägt jede Tier- und Pflanzenart seit dem Jahr 1758 einen zweiteiligen wissenschaftlichen Namen, meist aus dem Lateinischen. Der erste ist der der Gattung, hier Fringilla. Der zweite Name ist der Artname, hier coelebs. In einer Gattung fasst man mehrere nah verwandte Arten zusammen. Neben dem Buchfink gibt es den Bergfink *(Fringilla montifringilla)*.

Zugverhalten

Der Naturwissenschaftler Carl von Linné gab 1758 diesem Vogel den lateinischen Artnamen *coelebs*. Das heißt „unverheiratet". Im Winter sind in Schweden, der Heimat Linnés, fast nur Männchen anzutreffen, während die unauffällig olivbraunen Weibchen weiter in den Süden gezogen sind. Sie kehren im Frühjahr von ihrem Winterquartier am Mittelmeer zurück. Buchfinken kommen fast überall in Wäldern, Parks und Gärten vor.

Rotkehlchen

Erithacus rubecula

Alte Geschichten

Eine alte Legende erzählt, das Rotkehlchen habe dem am Kreuz hängenden Christus einen Dorn aus der Krone gezogen, damit er weniger leiden müsse. Dabei sei ein Blutstropfen auf seine Brust gefallen und habe sie verfärbt. Besonders in Großbritannien tritt das Rotkehlchen in vielen Märchen und Geschichten auf. Es gilt als heimlicher Nationalvogel.

Ich zuerst

Die meisten Menschen mögen das Rotkehlchen, weil es so niedlich ist und oft recht zutraulich wird. Am Vogelhäuschen im Winter erweist es sich aber als sehr zänkisch. Es vertreibt die anderen Besucher, bis es selbst satt ist.

Einemsen

Beide Geschlechter haben übrigens eine rotgefärbte Brust. Rotkehlchen fressen vorzugsweise Insekten und Würmer, aber auch Beeren und Samen. Sie baden gern in der Vogeltränke im Garten und benutzen zur Pflege des Gefieders auch Ameisen: Sie packen einzelne Ameisen

mit dem Schnabel und streichen mit ihnen über ihre Federn. Wahrscheinlich geben die Ameisen dabei Ameisensäure ab, und die vertreibt Hautparasiten, Pilze und Bakterien. Andere Vogelarten nehmen sogar ein Ameisenbad. Sie legen sich mit ausgebreiteten Flügeln auf ein Nest. Man nennt diese Verhaltensweise „Einemsen", weil man Ameisen früher „Emsen" nannte.

Feldlerche

Alauda arvensis

Balzgesang

Einen Frühaufsteher nennt man gern auch eine Lerche. Das kommt daher, dass die Lerchenmännchen schon bei den ersten Sonnenstrahlen ihren trillernden Gesang anstimmen. Dabei fliegen sie spiralförmig in die Höhe. Nach Beendigung des Balzgesangs stürzen sie sich mit angelegten Flügeln auf den Boden zurück. Dann beginnt alles wieder von vorn.

MACH MIT!

Nistmaterial für Vögel

Für ihre Nester brauchen Vögel nicht nur einen gut geschützten Platz, sondern auch Material zum Bauen.

Du möchtest den Vogeleltern beim Nestbau helfen? Kein Problem! In Meisenknödelbehältern kannst du Nistmaterial wie Heu, kleine Federn (zum Beispiel aus alten Kissen), Schafwolle oder kurze Wollfäden für die Piepmätze hinterlassen. Hänge die Behälter außer Reichweite von Katzen und fülle auf keinen Fall Plastikstückchen oder längere Schnüre hinein.

Bodenbrüter

Äußerlich wirkt die Feldlerche nicht besonders hübsch: Sie ist einer der vielen braunen Vögel. Früher war sie extrem häufig, heute geht sie stark zurück, kommt allerdings noch überall vor. Schuld an ihrem Rückgang ist die intensive Landwirtschaft. Wenn man zum Beispiel Wiesen und Felder zur Brutzeit mit dem Traktor befährt, zerstört man die Bodennester der Lerche. Der ökologische Landbau hingegen schadet der Lerche nicht.

Elster

Pica pica

Glück und Unglück

In China steht die Elster für das Glück in der Ehe. Bei uns hat man nicht so eine gute Meinung von ihr. Sie galt als Galgen- und Hexenvogel und vor allem als diebisch: Sie soll vor allem glänzende Gegenstände stehlen und in ihr Nest einbauen. Der Komponist Gioacchino Rossini hat sogar eine Oper darüber geschrieben, „Die diebische Elster". Diese Geschichten haben einen wahren Kern. Man hat schon Nester gefunden, die ganz aus glänzendem Aludraht bestanden.

AHA! Ein kluger Vogel

Gauner mögen die Elstern sein, klug sind sie sicher. Im Spiegel erkennen sie sich selbst: Sie wissen, wer sie und wer die anderen sind. Genau so wie wir Menschen und die Menschenaffen es können.

Elstern können bis sieben zählen, und Gegenstände, die sie selbst versteckt haben, finden sie mit Leichtigkeit wieder.

Tierspur: Seite 155

Rabenkrähe

Aaskrähe, *Corvus corone*

Dazwischen bildeten die Gletscher eine riesige Barriere. So entstanden im Lauf der Zeit zwei getrennte Bestände der Aaskrähe, die sich nicht mehr vermischen konnten. Durch Anpassung entstand im Westen die dunkle Rabenkrähe und im Osten die hellere Nebelkrähe.

Nach der Eiszeit

Als die Gletscher erneut zurückgingen, trafen die Rabenkrähe und die Nebelkrähe aufeinander. Heute überschneiden sich ihre Verbreitungsgebiete ungefähr bei der Elbe. Dort paaren sich Raben- und Nebelkrähe und haben fruchtbare Nachkommen. Das heißt, sie gehören immer noch einer Art an. Wir bezeichnen sie deswegen als Unterarten.

Die Rabenkrähe ist vorwiegend ein Standvogel und zieht nicht weg. Die Nebelkrähe hingegen ist ein Teilzieher. Sie überwintert gern im Westen und fliegt im Frühjahr wieder ostwärts.

Eiszeittiere

Vor der Eiszeit lebte in ganz Europa eine große Krähenart, die wir „Aaskrähe" nennen. Dann dehnten sich die Gletscher aus: Sie stießen von den Alpen her kommend nordwärts und von Nordeuropa aus südwärts. Europa wurde damals praktisch in zwei Teile geschnitten, einen westlichen und einen östlichen.

Tierspur: Seite 155

Sperber

Accipiter nisus

Akrobatischer Flieger

Meist sieht man den Sperber nur für den Bruchteil einer Sekunde. Er schießt wie ein Blitz durch deckungsreiches Gelände und schlägt bei der Verfolgung von Vögeln die unglaublichsten Haken. Man hat schon Sperber beobachtet, die durch ein Futterhäuschen flogen und sich dabei einen Vogel schnappten!

Die Männchen sind nur halb so groß wie die Weibchen. In der Fortpflanzungszeit beschafft das Männchen die Nahrung. Das Weibchen sitzt auf dem Nest und brütet. Später geht auch das Weibchen wieder auf Jagd. Doch nun halten sich die Männchen versteckt, um nicht selbst von Weibchen erbeutet und gefressen zu werden!

Ein größerer Bruder

Sperber und Habicht sind wie zwei Brüder. Der Habicht wird zwar deutlich größer, aber seine Zeichnung ist sehr ähnlich. Der Habicht jagt wie der Sperber. Und beide Arten kommen auch in Städten zurecht: Immer häufiger kommen sie in Parks, Gärten und sogar in der Innenstadt vor.

AHA! Vogelfedern

Alle Vögel haben Federn. Sie bestehen aus Horn, sind extrem stabil und leicht.

Im Wesentlichen unterscheidet man zwei Federarten: Die Konturfedern haben einen steifen Schaft und eine feste Fahne. Sie bestimmen die äußere Gestalt des Vogels. Die Dunenfedern haben fast keinen Schaft, liegen unter den Konturfedern und halten den Vogel warm.

Raub- oder Greifvögel?

Der Begriff „Raubvogel" klingt etwas abwertend: Der Vogel nimmt sich sozusagen etwas, was ihm nicht gehört. Deswegen sagt man heute „Greifvogel". Greifvögel packen ihre Beute zuerst mit den Krallen: Sie greifen sie. Unter den Taggreifvögeln unterscheiden wir vor allem Adler, Bussarde, Weihen, Milane und Falken. Die meisten Arten sind Fleischfresser und jagen lebende Beute.

Mäusebussard

Buteo buteo

Der Name sagt es

Der miauende Ruf, den Mäusebussarde im Flug oft hören lassen, hat ihnen auch den Namen „Katzenadler" eingetragen. Bussarde haben scharfe Augen. In rund 100 Metern Höhe kreisen sie am Himmel auf der Jagd nach Mäusen. Der Bussard fängt aber auch Vögel, Eidechsen und Blindschleichen, manchmal sogar Frösche und Kröten. Manche Bussarde sitzen entlang der Autobahn auf Pfosten und haben sich darauf spezialisiert, überfahrene Tiere einzusammeln. Dabei geraten sie jedoch oft selbst unter die Räder.

AHA! Gewölle

Knochen, Haare, Federn und die Panzer von Insekten sind extrem schwer verdaulich. Tag- und Nachtgreifvögel geben sich mit dem Verdauen keine Mühe, sondern würgen diese Bestandteile wieder hoch. Man nennt sie „Gewölle" oder „Speiballen". Wissenschaftlerinnen und Wissenschaftler untersuchen sie und können anhand der Bestandteile sagen, was der betreffende Greifvogel gefressen hat.

Turmfalke

Falco tinnunculus

Stadt und Land

Der Name dieses Falken deutet daraufhin, dass er gern in der Umgebung des Menschen nistet. Tatsächlich hat er sich auch die Stadt als Lebensraum erobert. Aber seine Mäuse fängt er vorwiegend noch im ländlichen Gebiet. Solche Stadtfalken pendeln also dauernd zwischen Brut- und Jagdgebiet hin und her, wobei ein Weg bis zu 5 Kilometer betragen kann!

Rütteln

Der Turmfalke jagt in allen offenen Lebensräumen. Dichte Wälder meidet er. Meist sieht man ihn beim sogenannten Rütteln: Er verharrt mit schlagenden Flügeln an einer Stelle und hält dabei Ausschau nach Mäusen. Gern sitzt er auch auf Pfosten und Ästen und schlägt von dort aus zu. Turmfalken, die in der Stadt leben, schnappen sich im Flug gern auch einmal einen Singvogel.

AHA! Falknerei

Größere Falkenarten wie den Ger- und den Wanderfalken setzt man seit langer Zeit für die Beizjagd ein: Dabei gehen diese Falken für den Menschen auf die Jagd nach Hasen und anderen Wildtieren.

Eichelhäher

Garrulus glandarius

Ein Spötter
Die Sprachforscher sagen, dass das Wort „Häher" den Ruf dieses Rabenvogels nachahmt. Und auch der lateinische Name *Garrulus* heißt „Schwätzer". Der Eichelhäher kann verschiedene Vogelstimmen und Geräusche nachahmen: Er ist ein Spottvogel.

Der Eichelhäher kann andere Vogelstimmen so meisterlich nachahmen, dass sogar erfahrene Vogelexpertinnen und -experten auf ihn hereinfallen und glauben, einen Specht oder einen Habicht zu hören, wenn der Eichelhäher ruft.

Großer Nutzen
Für den Wald ist der Eichelhäher sehr nützlich. Er vergräbt im Herbst Eicheln und Bucheckern im Waldboden, um sie im Winter, wenn es wenig Futter gibt, zu verspeisen. Einen Teil seines Vorrats vergisst er. Diese Samen keimen im Frühjahr aus. Damit sorgt der Eichelhäher dafür, dass im Wald junge Bäume nachwachsen.

Rohrweihe

Circus aeruginosus

Drei Weihen

Als Weihen bezeichnet man mittelgroße Greifvögel, die in Schilfbeständen, Feuchtgebieten und Wiesen nisten. Am leichtesten erkennt man die Weihen an ihrem niedrigen, etwas gaukelnden Flug. Dabei heben sie ihre Flügel v-förmig an. In Mitteleuropa leben drei Weihenarten; alle sind gefährdet und selten. Am ehesten begegnet man noch der Rohrweihe.

AHA! Leichtbau

„Leicht wie ein Vögelchen", sagen wir gern. Denn Vögel erscheinen uns leichter als andere Tiere vergleichbarer Größe. Die meisten Vögel haben hohle, luftgefüllte Knochen. Sie sind durch Bälkchen im Inneren stabilisiert. Der Techniker nennt das „Leichtbau".

In einigen Knochen liegen sogar Ausstülpungen der Luftsäcke, mit denen die Vögel atmen. Das Skelett eines 100 Gramm schweren Vogels wiegt nur rund 9 Gramm. Bei einem ähnlich schweren Säugetier wiegt es gut 25 Gramm!

Was ist die Balz?

Das Männchen der Rohrweihe ist im Flug leicht zu erkennen: Seine Unterseite ist weiß mit schwarzen Flügelspitzen, wobei die einzelnen Federn deutlich abgespreizt werden. Im Frühjahr versucht es sein Weibchen mit Flugkunststücken zu beeindrucken. Es fliegt Scheinangriffe, Sturzmanöver und zeigt seitliches Abkippen. Man nennt dieses Verhalten „Balz". Die Balz dient dem Zusammenhalt des Paares und soll auch die Paarung einleiten.

Rebhuhn

Perdix perdix

Ein Verlierer

Schon seit der Antike ist das Rebhuhn einer der bekanntesten Vögel. Es taucht in Sagen, Fabeln und Märchen auf. Es war einst eine beliebte Jagdbeute, und Feinschmecker schätzten sein Fleisch ebenso wie die Eier. Umso trauriger ist es, dass dieser einst so beliebte Vogel in Europa katastrophal zurückgegangen und aus manchen Gebieten schon vollständig verschwunden ist.

AHA! Die Wachtel

Das Rebhuhn ist ein gedrungener Vogel mit kurzen Flügeln und kurzem Schwanz. Es wirkt kleiner als ein Haushuhn, ist aber deutlich größer als die Wachtel.

Sie bewohnt ähnliche Lebensräume wie das Rebhuhn, und auch ihre Bestände nehmen ab. Jedoch sind die in Delikatessengeschäften angebotenen Wachteln und Wachteleier in Großfarmen gezüchtete Japanwachteln. Sie werden schon seit dem 16. Jahrhundert als Haustier gehalten.

Die Gründe dafür sind vielfältig. Früher lebten auf einem Quadratkilometer bis über 100 Brutpaare. Heute ist die Landschaft ausgeräumt, ohne Feldraine und Hecken, in denen das Rebhuhn Deckung und Brutmöglichkeiten findet. Nun kann sich auf der gleichen Fläche gerade mal ein einziges Brutpaar ernähren. Pflanzen- und Insektengifte haben den Rebhühnern schwer zugesetzt. Frei laufende Hunde machen Jagd auf sie. Straßen zerschneiden ihre letzten Lebensräume und stellen eine dauernde Störung dar.

Tierspur: Seite 155

Fasan

Phasianus colchicus

Im 17. Jahrhundert richteten fürstliche Herren sogenannte Fasanerien ein. Hier wurden Fasane in großer Zahl gezüchtet, damit immer genug davon zum Abschuss zur Verfügung standen.

Männchen und Weibchen

Das Fasanenmännchen ist bunt gefärbt und hat einen langen Schwanz. Das Weibchen ist kleiner und schlichter. Dafür ist seine Tarnung besser. Fasane laufen davon, wenn sie gestört werden. Nur bei einer unmittelbaren Bedrohung heben sie laut Flügel schlagend ab und fliegen eine kurze Strecke. Dann gleiten sie auf den Boden zurück. Ein Hahn paart sich mit fünf bis sechs Weibchen, den Hennen. Am Ausbrüten der Eier und der Aufzucht der Jungen beteiligt er sich aber nicht. Fasanenweibchen bauen ihre Nester in einer flachen Mulde am Boden. Die Küken verlassen schon wenige Stunden nach dem Schlüpfen das Nest und folgen der Mutter überall hin. Mit nur zehn oder zwölf Tagen können die kleinen Fasane schon fliegen.

Weit gereister Vogel

Ursprünglich kam der Fasan vom Schwarzen Meer bis nach China vor. Im Gebiet des heutigen Georgien lernten die alten Römer diesen Vogel kennen und schätzen. Sie führten ihn erst nach Italien, dann auch nach Deutschland ein. Seither ist er in fast ganz Europa verbreitet. Aber nicht überall bei uns bekommt ihm das Klima. In manchen Teilen ist es ihm zu rau, und er kann sich nicht langfristig halten.

Tierspur: Seite 155

Waldkauz

Strix aluco

Lebenskünstler

Die häufigste Eule bei uns ist der Waldkauz. Er kommt im Wald und auch in Parks und Gärten vor. Zum Brüten braucht er nicht unbedingt eine Baumhöhle wie die anderen Eulen. Er legt seine Eier auch in Felsspalten oder verlassene Fuchsbaue.

Im Winter hat er weniger Probleme mit der Nahrungsbeschaffung: Die meisten Eulen müssen hungern, wenn Schnee liegt, weil sie dann kaum mehr Mäuse fangen. Der Waldkauz fängt in dieser Zeit Vögel. Seinen schaurigen Ruf „hu-hu-hu-huu" kennt fast jeder.

Ein Verwandter

Die Waldohreule wird genauso groß wie der Waldkauz, wirkt aber deutlich schlanker. Man erkennt sie vor allem an den hoch stehenden Federohren. Ihr Ruf klingt ähnlich wie der des Waldkauzes, ist aber schon im Spätwinter zu hören, weil die Paare sich dann zusammenschließen.

Von Eulen und Käuzen

Es gibt keine Regel, die sagt, was eine Eule und was ein Kauz ist. Der Zoologe spricht von „Nachtgreifvögeln". Die größte Art heißt übrigens weder Eule noch Kauz, sondern Uhu. Nachtgreifvögel haben ein großes Gesicht mit nach vorn blickenden Augen und kranzförmig angeordneten Federn, die wir als „Schleier" bezeichnen. Sie können dank besonderer Federn an der Vorderkante der Flügel geräuschlos fliegen.

MACH MIT!

Kastanien-Kauz

Ein ulkiger Kauz ist ruck, zuck aus einer Kastanie, Eicheln und Filz gebastelt.

Klebe zwei Eicheldeckel mit der vertieften Seite nach vorn oben an eine Kastanie, und male mit einem schwarzen, wasserfesten Stift jeweils einen dicken Punkt als Augen hinein. Aus Filzresten schneidest du deinem Vogel einen dreieckigen Schnabel und Flügel. Jetzt noch festkleben, fertig ist der Zimmer-Kauz.

Kuckuck

Gauch, Cuculus canorus

Brutparasit

Der Kuckuck brütet nicht selbst. Das Weibchen legt je ein Ei in das Nest eines Singvogelpaars und lässt sie dort ausbrüten. Dabei nutzt es eine kurze Abwesenheit der Besitzer, verschluckt eines der vorhandenen Eier oder trägt es davon und legt ein eigenes dazu, das den anderen täuschend ähnlich sieht. Das Kuckucksweibchen kann die verschiedensten Eier nachahmen und ganz unterschiedlich aussehende Eier legen. Nach elf Tagen schlüpft der Kuckuck – oft noch vor seinen „Geschwistern". Sofort beginnt er, die Eier und auch die Nestlinge aus dem Nest zu werfen. Nur wenn er allein im Nest sitzt, bekommt er von seinen Pflegeeltern genügend Futter. Man nennt den Kuckuck einen „Brutschmarotzer" oder „Brutparasit".

Gefährdet

Kaum ein Vogel ist so bekannt wie der Kuckuck. Denk nur an die Kuckucksuhr oder die zahlreichen Lieder, in denen der Kuckuck vorkommt. Aber gesehen haben ihn nur wenige. Denn leider ist der Kuckuck heute immer seltener. Die Bestände seiner Wirtsvögel gehen zurück, so kann er seine Eier nicht mehr ablegen.

AHA! Das liebe Geld

Ab April empfiehlt es sich, immer genügend Geld in der Tasche zu haben. Denn wenn man den ersten Kuckucksruf hört, fasst man sich an die Geldbörse. Dieses Geld wird einem dann nicht ausgehen. Das glaubten die Menschen früher jedenfalls. In Redensarten steht der Kuckuck für den Teufel: „Scher dich zum Kuckuck!" oder „Weiß der Kuckuck!"

Buntspecht

Dendrocopos major

Bekommen Spechte Kopfweh?
Spechte hacken mit ihrem Schnabel im Holz und suchen dabei Insekten. Aber sie lieben auch das Trommelgeräusch und zeigen damit ihr Revier an. Beim Hacken bekommen sie keine Gehirnerschütterung und purzeln auch nicht betäubt vom Baum, weil ihr Gehirn viel kleiner ist und deswegen mehr aushält als zum Beispiel unseres. Und der Aufprall mit dem Schnabel dauert höchstens eine Tausendstelsekunde, da kann nichts passieren.

Baumvögel
Der Buntspecht hat sehr spitze, gebogene Krallen, mit denen er sich gut an der Baumrinde festhalten kann. Zwei Krallen zeigen nach vorn, zwei nach hinten. Nicht nur die Spechte sind an das Leben auf Bäumen angepasst. Der blaugraue Kleiber kann sogar mit dem Kopf nach unten auf der Rinde laufen, und das kann kein Specht. Die Baumläufer, die ebenfalls zu den Baumvögeln gehören, brauchen wie die Spechte ihren Schwanz als „drittes Bein" zum Abstützen des Körpers.

Raum fürs Leben
Der Buntspecht ist unser häufigster heimischer Specht. Die Jungtiere haben eine rote Kopfkappe. Beim ausgewachsenen Männchen bleibt davon ein roter Genickfleck, und beim Weibchen ist dieser weiß. Buntspechte haben ein Revier, einen Lebensraum, den sie gegen andere Buntspechte verteidigen. Meistens reicht einem Paar ein halber Quadratkilometer in einem lichten Mischwald. Es bleibt darin ein Leben lang.

Wiedehopf

Upupa epops

Seltener Vogel

Vielleicht haben deine Großeltern den Wiedehopf in ihrer Jugend noch öfter gesehen. Bis vor 50 oder 60 Jahren kam der Vogel in Mitteleuropa noch häufig vor. Heute gehen seine Bestände immer mehr zurück. Gründe dafür gibt es viele: Zerstörung seiner Lebensräume, Insektengifte und Mangel an Baumhöhlen, die er zum Nisten braucht. Beliebte Brutplätze sind frühere Truppenübungsplätze der Armee. Dort finden die Vögel eine verwilderte Landschaft und sind ungestört.

Tarnung

Der Wiedehopf ist ein überaus prächtiges, bunt gezeichnetes Tier. Aber es wäre falsch zu glauben, dass er mit seiner Zeichnung überall auffällt. Wenn er vor einem herannahenden Greifvogel nicht mehr flüchten kann, legt er sich mit ausgebreiteten Flügeln flach auf den Boden und wird meist übersehen. Seine Zeichnung löst nämlich die Körperumrisse auf, verwischt sie. Das ist ähnlich wie beim Tiger: Seine Streifen sind im Zoo gut zu sehen, im Hell-Dunkel des Dschungels ist er damit aber nur schwer auszumachen.

AHA! Wappentier

Der Wiedehopf ist ein beliebter, eindrucksvoller Vogel und auf einigen Wappen von Familien und Gemeinden zu sehen. Israel wählte den Wiedehopf 2008 zu seinem Nationalvogel. Im ganzen östlichen Mittelmeergebiet ist der Wiedehopf noch häufig anzutreffen.

Rauchschwalbe

Hirundo rustica

Wie erkennst du sie?
Im Flug zeigt die Rauchschwalbe ihre beiden langen Schwanzspieße. Ihr Rücken schimmert blaumetallisch. Die Unterseite ist schmutzig weiß, die Kehle rostrot. Mit vier bis zehn Flügelschlägen in der Sekunde jagt sie fliegende Insekten. Sie bevorzugt offene Landschaften und baut ihre halbkugelförmigen Nester meist an Hauswände. Besonders liebt sie Ställe, weil dort viele Fliegen vorkommen. Zum Verlassen des Stalls reicht ihr ein gekipptes Fenster. Früher benutzten die Schwalben für den Einflug in Bauernhäuser den Rauchabzug. Daher stammt ihr Name.

AHA! Zugvogel

Die Rauchschwalbe gilt bei uns als Frühlingsbotin. Den Winter verbringt sie in Afrika und trifft meist Mitte April wieder bei uns ein.

Auf ihrem Zug legt sie pro Jahr schon mal 12.000 Kilometer zurück! Nach der Brutzeit versammeln sich die Rauchschwalben in großen Gruppen. Ab Mitte August machen sie sich wieder auf den Weg in den Süden.

Rückgang
Auch die Bestände der Rauchschwalbe sind in den letzten Jahrzehnten immer mehr zurückgegangen. Hauptgrund ist wohl die Verwendung von Insektengiften. Es gibt nicht mehr so viele Insekten wie früher. Mancherorts hat sie auch Schwierigkeiten, genügend Nistmaterial zu bekommen. Sie baut ihre Nester aus Lehm und braucht lehmige Tümpel auf Feldwegen. Heute werden diese aber immer häufiger asphaltiert.

Kiebitz

Vanellus vanellus

Woran erkennst du ihn?

Kiebitze stochern mit dem Schnabel in feuchten Wiesen nach Nahrung. Trotz ihres metallisch grünen Federkleids und der weiß-schwarzen Zeichnung sind sie dabei nicht immer leicht zu sehen. Auffällig wird eine Gruppe, wenn sie auffliegt. Die Tiere schlagen langsam mit ihren breiten Flügeln, und dabei blinken abwechselnd die schwarze Oberseite und die weiße Unterseite auf.

Besonderes Merkmal der Kiebitze ist die lange schwarze Haube, die auch „Federholle" genannt wird. Zur Paarungszeit zeigen die Männchen spektakuläre Balzflüge. In seitlich abgekippten Sturzflügen trudeln sie Richtung Boden, wobei die Flügel wummernde Geräusche erzeugen.

Hudern

Die jungen Kiebitze sind Nestflüchter, das heißt sie verlassen wenige Stunden nach dem Schlüpfen das Nest, aber sie haben ein Problem: Sie können ihre Körperwärme noch nicht halten. Die Eltern müssen deswegen ihre Jungen wärmen, man nennt das „Hudern". Gerade bei schlechtem Wetter sterben viele Jungkiebitze an Unterkühlung.

Lebensraum

Kiebitze halten sich bevorzugt in offenen, flachen Graslandschaften auf. Gern besuchen sie Feuchtwiesen und Weiden, Heidelandschaften und Moore. Auch an Gewässerrändern sind sie anzutreffen. Ihre Nester, die sie mit Halmen und Pflanzenteilen auspolstern, legen sie in Mulden auf kurzrasigen Boden oder Felder.

AHA! Ein Beobachter

Wer bei einem Kartenspiel zusieht, wird auch als „Kiebitz" bezeichnet. Ein Zusammenhang mit dem schönen Vogel besteht jedoch nicht.

Landstreicher und Kleinkriminelle hatten früher eine besondere Sprache mit eigenen Wörtern. Dort bedeutete „Kiewisch" so viel wie eine Durchsuchung. In Österreich werden Polizisten auch heute noch gelegentlich „Kiberer" genannt.

Weißstorch

Ciconia ciconia

Nahrung und Nest

Der Storch nistet am liebsten in der Nähe des Menschen, etwa auf Häusern und Strommasten. Das Dach muss allerdings stark genug sein. Denn Störche nisten gern wiederholt auf demselben Horst, so nennt man ihr Nest, und mit der Zeit kann der mehrere hundert Kilogramm schwer werden.

Auf der Futtersuche schreitet der Storch langsam durch Feuchtwiesen und packt alles, was ihm essbar erscheint: Würmer, Frösche, Insekten, Mäuse und auch Fische.

Der Schwarzstorch

Der etwas kleinere Schwarzstorch ist das genaue Gegenteil seines weißen Bruders: Sein Gefieder ist fast ganz schwarz und schillert metallisch je nach Lichteinfall rötlich, grünlich oder bräunlich. Er ruft gern, klappert allerdings auch. Vor allem aber meidet er die Nähe des Menschen. Deswegen ist er bei uns sehr selten.

Der Klapperstorch

Wer hat schon einen Storch rufen gehört? Niemand, denn der Weißstorch hat fast keine Stimme. Deswegen klappert er mit seinem roten Schnabel, wenn er zu seinem Nest zurückkehrt, seinen Partner begrüßt oder einem Eindringling droht. Bei vielen Völkern gilt der Storch als Glücksbringer.

Tierspur: Seite 155

Graureiher

Fischreiher, Ardea cinerea

Schädlich? Schön!

Der Grau- oder Fischreiher ist einer der wenigen Großvögel, die in Mitteleuropa noch weit verbreitet sind. Die großen Vögel stehen das ganze Jahr über unter Schutz und dürfen in der Regel nicht gejagt werden. Die Fischzüchter beklagen sich darüber. Sie müssen ihre Teiche mit Netzen oder mit Drähten in Ufernähe schützen.

Lebensraum

Am liebsten sind dem Graureiher Weiher und Tümpel. Dort fängt er Fische, Amphibien, Schlangen und Insekten. Dabei stakst er mit gesenktem Kopf durch das Wasser und sticht blitzschnell nach der Beute. Manchmal jagt er auch auf feuchten Wiesen nach Mäusen.

Wo der Reiher nicht verjagt wird, kommt er auch in Großstädten vor. In Amsterdam lebt er mitten in der Stadt mit dem Menschen zusammen – ein erstaunlicher Anblick!

Überleben

Vier bis fünf Eier legt das Weibchen in ein Nest, das nicht richtig stabil aussieht. Weniger als ein Drittel aller Jungreiher wird sechs Monate alt. Die Eltern füttern ihre Jungen mit ausgewürgtem Nahrungsbrei. Überlebt ein Reiher die ersten Lebensmonate, kann er bis zu 24 Jahre alt werden.

Tierspur: Seite 155

Säbelschnäbler

Recurvirostra avosetta

Typische Futtersuche

Mit seinem schwarz-weißen Gefieder ist der Säbelschnäbler einer der auffälligsten Watvögel. Man sieht ihn recht häufig im Wattenmeer an der Nordsee. Seinen deutlich nach oben gebogenen Schnabel bewegt er seitwärts mit einer mähenden Bewegung. Dieses Verhalten nennt man Schnäbeln. Dabei taucht das Schnabelende 2 bis 3 Zentimeter tief in den Schlick ein. Der Vogel spürt so Beutetiere auf. Hauptbeute sind Ringelwürmer und Krebstiere, im Süßwasser auch Insekten und deren Larven.

AHA! Keine Geburten?

Alle Vögel legen Eier. Es gibt keine Vogelart, die lebende Junge auf die Welt bringt.

Der Grund dafür erscheint einfach: Vögel fliegen. Dazu müssen sie leicht bleiben. Wenn sie aber dauernd heranwachsende Junge im Bauch herumtragen müssten, wären sie von einem bestimmten Zeitpunkt an zu schwer zum Fliegen. Sie würden zu einer leichten Beute für Räuber.

Zug- und Standvögel

Wenn die Säbelschnäbler gebrütet haben, fliegen sie nach Südwesteuropa. Ein Teil überwintert an der französischen, spanischen oder portugiesischen Küste. Einige Tiere fliegen weiter und verteilen sich auf die gesamte Küste Afrikas. Auch in Südafrika sind die Säbelschnäbler heimisch. Sie brüten dort und ziehen im Winter nicht weg. Es ist ihnen in ihrer Heimat warm genug. Solche Vögel heißen „Standvögel".

Austernfischer

Haematopus ostralegus

Küstenbewohner

Der Austernfischer ist an der Nordseeküste und besonders im Wattenmeer zu Hause. Von dort dringen allerdings immer wieder Vögel entlang der großen Flüsse nach Süden vor und brüten auch abseits der See im Binnenland. Aber kaum sind die Jungvögel flügge, fliegen sie ans Meer zurück.

Muschelesser

Der Austernfischer ist gut an seinem schwarz-weißen Federkleid und seinem roten Schnabel, den roten Beinen und roten Augen zu erkennen. Im Wattenmeer sieht man den Austernfischer nach Nahrung suchen. Seine Hauptbeute ist der Sand- oder Pierwurm, der in einer u-förmigen Röhre im Schlick lebt. Die Vögel spüren ihn mit ihrem tastempfindlichen Schnabel auf.

An Felsküsten versucht der Austernfischer seinem Namen gerecht zu werden. Er frisst dort Muscheln und Schnecken, aber keine Austern, denn er kann sie nicht knacken. Kleine Muscheln verschluckt er ganz. Größere hämmert er auf einer harten Unterlage auf, oder er führt seinen seitlich abgeplatteten Schnabel in die Muscheln ein, dreht ihn, bricht sie so etwas auf und frisst schließlich das Muschelfleisch.

AHA! Die Watvögel

Watvögel kommen in offenem Gelände, auf Feuchtwiesen, in Mooren, Schwemmland und an Küsten aller Gewässer vor. Sie haben lange Beine und suchen im Boden und im seichten Wasser nach Nahrung. Zu ihnen gehören beispielsweise Schnepfen, Regenpfeifer, Stelzen-, Strand- und Uferläufer sowie Brachvögel.

Seeadler

Haliaeetus albicilla

Am Wasser

Der Seeadler ist, wenn man von den Geiern absieht, unser größter Greifvogel. Er lebt an der Küste und in Landschaften mit vielen Seen. Seinen Horst, so nennt man sein Nest, legt er aus Ästen und Reisig auf hohen Bäumen an. Oft benutzen Seeadler mehrere Jahre hintereinander dasselbe Nest. Sieht man ihn im Gleitflug am Himmel segeln, fallen die breiten, brettartig ausgestreckten Flügel auf.

Beutefang

Der Seeadler frisst zunächst einmal Aas in jeder Form. Besonders fliegt er Ufer ab und holt dort tote Fische aus dem Wasser. Beim Überfliegen der Wasseroberfläche greift er sich auch lebende Fische. Sind sie bis 2 Kilogramm schwer, hebt er gleich wieder ab. Größere Fische hält er unter Wasser fest, bis sie müde werden. Dabei liegt er selbst mit ausgebreiteten Flügeln auf der Wasseroberfläche und wartet. Anschließend schwimmt er ans Ufer und macht sich über seine Beute her.

Eine interessante Fangmethode hat der Seeadler bei einigen Enten und Blässhühnern. Er zwingt sie durch Angriffe immer wieder zum Abtauchen, bis sie ganz erschöpft sind und er sie greifen kann. Zur Brutzeit wildert der Seeadler auch gern in Kolonien anderer Seevögel und greift sich dort die Jungvögel aus den Nestern.

AHA! Der Steinadler

Der Steinadler war einst über ganz Mitteleuropa verbreitet. Aber die Jagd durch den Menschen führte dazu, dass er heute nur noch in den Alpen nistet. Dort baut er sein Nest auf hohen Bäumen und auf Felsvorsprüngen.

Ein Steinadlerpaar braucht ein Revier von rund 100 Quadratkilometern. Es besitzt oft mehrere Horste, die im Wechsel bezogen werden.

Stockente

Anas platyrhynchos

Jeder kennt sie

Die Stockente ist unsere häufigste heimische Ente. Sie ist nicht gefährdet und weit verbreitet. Die Stockente kommt auch in der Stadt gut zurecht. Diese Stadtenten zeigen oft größere weiß gefärbte Gefiederpartien.

Ente und Erpel

Im Juli und August sieht das Männchen dem schlicht braun gefärbten Weibchen zum Verwechseln ähnlich. Man erkennt es nur am gelben statt braunen Schnabel. Wenn du genau hinschaust, kannst du in dieser Zeit bei beiden auch einige blaue Federn am Flügel erkennen. Wenn im März die Brutzeit beginnt, ändert sich das Gefieder des Männchens, das Erpel genannt wird. Der Kopf des Erpels färbt sich in einem metallisch-schimmernden Grün und die Schwanzspitze rollt sich zur sogenannten Erpellocke nach oben.

Schwimm- und Tauchenten

Unsere Stockente ist eine Schwimmente. Sie bleibt an der Wasseroberfläche und gründelt mit dem Kopf nach unten im Wasser, während ihr Bürzel, das ist ihre Schwanzwurzel, noch zu sehen ist. Sie kann übergangslos von der Wasseroberfläche auffliegen. Tauchenten sind schwerer und liegen tiefer im Wasser. Dafür können sie auf dem Gewässerboden mehrere Meter tief abtauchen und dort ihre Nahrung suchen. Tauchenten brauchen einen Anlauf zum Fliegen.

Tierspur: Seite 155

Haubentaucher

Podiceps cristatus

Wie erkennst du sie?
Haubentaucher liegen tief im Wasser und haben einen langen Hals. Immer wieder tauchen sie bis zu einer Minute lang ab; dabei schwimmen sie bis in 20 Meter Tiefe und fangen Kleinfische. Haubentaucher erkennst du an ihrer rotbraunen Federhaube.

MACH MIT!

Warum werden Haubentaucher nicht nass?

Wie die meisten Wasservögel hat auch der Haubentaucher einen Trick, um nicht nass zu werden. Er sondert eine ölige Flüssigkeit aus einer Drüse am Schwanz ab und fettet damit sein Gefieder ein.

Was passiert, wenn Wasser und Fett aufeinandertreffen, kannst du in einem Experiment ausprobieren. Lege zunächst einen Kaffeefilter in eine Schüssel mit Wasser. Der Filter wird nass. Bestreiche nun einen zweiten Filter mit einer Fettcreme, und lege ihn ebenfalls ins Wasser. Was stellst du fest? Richtig, der Filter bleibt trocken. Das Wasser perlt am Fett ab. Und genau so perlt das Wasser an den Federn des Haubentauchers ab.

Die Balz
Bevor Männchen und Weibchen eine Familie gründen und mit dem Ausbrüten der Eier beginnen, zeigen sie besondere Verhaltensweisen. Man nennt sie „Balz". Beide Partner richten sich Brust an Brust im Wasser auf, wobei sie mit den Füßen das Wasser schlagen und die Köpfe schütteln. Im Verlauf der Balz tauschen sie als Geschenk Futter und Pflanzenteile aus. Ihr Nest errichten sie auf dem Wasser in Form einer kleinen Insel aus schwimmenden Pflanzenteilen.

Höckerschwan

Cygnus olor

Schwerer Start

Das Weibchen wiegt höchstens und das Männchen mindestens 10 Kilogramm, und das ist zum Fliegen schon ein erhebliches Gewicht. Kein Wunder also, wenn der Höckerschwan beim Start erst lange Wasser treten muss und nur langsam an Höhe gewinnt. Durch den Flügelschlag erzeugt er ein typisches singendes Geräusch.

Mauser

Namen gebend für den Höckerschwan ist der Höcker vor dem Schnabel. Beim Männchen ist er zur Brutzeit am stärksten ausgeprägt. Ein Paar bleibt übrigens sein ganzes Leben lang zusammen, was sonst eher die Ausnahme im Vogelreich ist. Schwäne putzen, wie alle Vögel, ausgiebig ihr Gefieder. Doch nach einem Jahr sind die Federn abgenutzt und müssen ersetzt werden. Das geschieht während der Mauser. In dieser Zeit sind die Höckerschwäne für sechs bis acht Wochen flugunfähig.

Halbwild

Der Höckerschwan kommt überall auf Seen, Teichen und großen Flüssen vor. Er wird gern gefüttert und lebt sozusagen nur noch halbwild. An einigen Seen ist er zur Plage geworden, weil er frisch eingesetzte Fischbrut frisst. Früher galt der Schwan als Delikatesse an fürstlichen Tafeln, doch heute wird er kaum mehr gegessen.

Schwanengesang

Als „Schwanengesang" wird das letzte Werk eines Dichters oder Musikers bezeichnet. Dieser Ausdruck stammt aus der griechischen Mythologie, wo Schwäne vor ihrem Tode noch einmal wunderschön singen.

Tierspur: Seite 155

Blässhuhn

Fulica atra

Ein Stirnschild

Entgegen seines Namens ist das häufig vorkommende Blässhuhn ganz schwarz. Seinen Namen hat es vom weißen Stirnschild, der Blesse. Es hält sich gern in Entenschwärmen auf, ist selbst aber keine Ente, sondern eine Ralle. Rallen haben nur verbreiterte Zehen, aber keine Schwimmhäute. Ihr Schnabel ist zugespitzt, nicht abgeflacht. Die Blässhühner inmitten von Enten erkennt man sofort am dauernden Kopfnicken während des Schwimmens.

Tauchvögel

Vor dem Untertauchen vollführen die Blässhühner einen eigentümlichen Kopfsprung. In der Schweiz werden sie deswegen „Taucherli" genannt. Blässhühner bleiben ungefähr 15 Sekunden unter Wasser. In dieser Zeit sammeln sie Pflanzenteile und Kleintiere. Das Blässhuhn legt bis zu zwölf Eier. Die Küken, die daraus schlüpfen, sind bunter als ihre Eltern und haben einen leuchtend roten Kopf. Der Körper ist blau-schwarz gestreift.

AHA! Das Teichhuhn

Das Teichhuhn ist mit dem Blässhuhn nahe verwandt. Es ist an der bunteren Färbung leicht zu erkennen: Beine gelblichgrün, Schnabel rot, an der Spitze gelb, Stirnschild rot, Gefieder oben olivbraun, Bauch schiefergrau.

Das Teichhuhn führt ein Leben im Verborgenen. Es ist nicht so leicht zu beobachten wie das Blässhuhn.

Silbermöwe

Larus argentatus

AHA! Raubtiere

Manche große Möwenarten sind bei der Nahrungssuche nicht zimperlich. Sie nehmen Nester anderer Arten aus und erbeuten selbst größere Vögel. Sie überfallen andere Vögel und zwingen sie, gerade erbeutete Fische wieder auszuwürgen. Dieses Verfahren haben die arktischen Raubmöwen perfektioniert. Sie jagen regelmäßig anderen Möwen im Flug die Beute ab und fangen sie auf, noch bevor sie auf dem Boden auftrifft.

Wie erkennst du sie?

Oft sind die verschiedenen Möwenarten nicht leicht zu unterscheiden. Die Männchen sehen häufig anders aus als die Weibchen, und ihr Brutkleid unterscheidet sich vom Gefieder außerhalb der Brutzeit. Und dazu haben die Jungvögel noch ein eigenes Kleid! Die Silbermöwe wird so groß wie ein Bussard. Kopf, Brust und Bauch sind weiß, die Flügeloberseite hellgrau. Nur die Flügelspitzen sind schwarz. Der Unterschnabel zeigt vorn einen roten Fleck.

Müllkippentiere

An den Meeresküsten bildet die Silbermöwe oft riesige Brutkolonien. In der Natur ernähren sie sich und ihre Jungen vor allem von Fischen. Aber sie fressen alles, auch Aas und Abfall. Deswegen treten sie, ebenso wie die Heringsmöwe, immer häufiger auch im Binnenland vor allem auf Müllkippen auf. Wenn diese Kippen geschlossen werden, verschwinden auch die Möwen wieder.

SÄUGETIERE

Hirsch

Rothirsch, *Cervus elaphus*

Der Platzhirsch
Zur Fortpflanzungszeit von September bis Oktober schart das Männchen eine Gruppe von Weibchen um sich und verteidigt diesen Harem gegen andere Männchen. Das ist eine anstrengende Zeit für den Platzhirsch, denn er muss dauernd auf der Hut sein und seine Gruppe durch sein tiefes Röhren verteidigen. Am Ende der Brunft, so nennt man die Paarungszeit der Hirsche, ist er völlig erschöpft. Außerhalb dieser Zeit leben die Weibchen und die Jungen in einer Gruppe zusammen. Männliche Hirsche sind nur selten zu sehen, weil sie tagsüber fast nie ihre Deckung verlassen.

Hochwild und Niederwild
Früher war die Jagd dem Adel vorbehalten. Nur Könige und Landesfürsten durften Hirsche, Bären, Wildschweine und Auerhähne erlegen. Diese Tiere gehören deswegen zum Hochwild. Das Niederwild wie Hasen, Rehe, Kaninchen, Rebhühner und Tauben war für den niederen Adel und teilweise auch für die Bauern bestimmt. Deshalb nennt man es Niederwild.

Unser größtes Tier
Selbst ein kleiner Hirsch ist doppelt so groß und schwer wie ein Reh. Ausgewachsene Männchen erreichen eine Schulterhöhe von bis zu 130 Zentimetern und zeigen im Herbst ein bis zu 15 Kilogramm schweres Geweih mit maximal 24 Enden. Im Februar werfen sie es ab und im Frühsommer wächst ein neues Geweih.

Tierspur: Seite 154

Reh

Capreolus capreolus

Ein Schädling?

Noch vor 200 Jahren war das Reh ein seltenes Tier. Da große Raubtiere, wie Bären oder Wölfe, verschwanden, konnte es sich stark ausbreiten. Rehe fressen gern die Knospen von Laubbäumen. Nadelhölzer mögen sie nicht. Damit verhindern die Rehe, dass Jungwuchs von Laubbäumen aufkommt. So verwandeln sie unsere Mischwälder in Nadelwälder.

AHA! Schwangerschaft

Rehe paaren sich im Juli und August. Die Männchen jagen hinter den Weibchen her. Die Jungtiere (Kitze) kommen im Juni auf die Welt. Demnach dauert die Schwangerschaft beim Reh rund neun Monate.

Tiere vergleichbarer Größe tragen ihre Junge meistens fünf Monaten aus. Und das gilt im Grunde auch für das Reh. Denn obwohl es etwa neun Monate lang schwanger ist, entwickelt sich das Junge vier Monate lang in der Gebärmutter der Ricke nicht weiter, es ruht einfach.

Woran erkennst du es?

Hirsch und Reh sind zwei verschiedene Arten. Das Reh kommt häufig vor, und mittlerweile kann man es auch in Parks und Vorstädten beim Fressen sehen. Der Hirsch hingegen lebt zurückgezogen. Das Reh erreicht höchstens eine Schulterhöhe von 80 Zentimetern und ist bis zu 25 Kilogramm schwer. Das männliche Reh, der Bock, hat ein kleines Geweih mit höchstens sechs Enden, das Weibchen (Ricke) trägt überhaupt kein Geweih.

Tierspur: Seite 154

Wildschwein

Schwarzkittel, *Sus scrofa*

Eine Plage?

In den letzten Jahren haben die Wildschweine sich bei uns sehr stark vermehrt. Sie dringen nicht nur in die Städte vor, sondern werden auch auf dem Land immer dreister. Das hat wohl mit der Klimaerwärmung zu tun.

Je mehr Eicheln und Bucheckern es im Herbst gibt, desto mehr haben die Wildschweine zu fressen. Denn Eckern und Eicheln sind die Lieblingsnahrung der Wildschweine. Auch der Maisanbau kommt den Wildschweinen sehr entgegen. Auf den Maisfeldern finden sie reichlich Futter, was die Landwirte natürlich ärgert. Natürliche Feinde, wie Bären, Wölfe oder Luchse, hat das Wildschwein kaum. Sie sind in Mitteleuropa ausgestorben oder sehr selten geworden.

Lebensweise

Das Wildschwein ist mit seinem dreieckigen Kopf und dem dunklen borstigen Fell unverkennbar. Mit seinem Rüssel pflügt es den Boden um und richtet große Schäden an. Es frisst alles, von Wurzeln über Früchte bis zu Aas und Engerlingen.

Wildschweine sind fast nur in der Dämmerung und nachts unterwegs. Einen großen Teil des Tages verbringen sie ruhend und in Deckung. Besonders im Sommer suhlen sie sich gern in Schlammlöchern.

Fortpflanzung

Einmal im Jahr wirft das Weibchen, die Bache, vier bis acht Jungtiere. Sie heißen „Frischlinge" und sind zur Tarnung gestreift. Wildschweine leben in Gruppen, sogenannten Rotten, unter der Leitung einer großen Leitbache zusammen.

Aus dem Wildschwein ist das Hausschwein hervorgegangen. Die Schweine gehören zu den Paarhufern und sind entfernt mit Hirsch und Reh verwandt.

Tierspur: Seite 154

Dachs

Meles meles

Ein Fabeltier ...

Der Dachs kommt bei uns recht häufig vor, aber er ist selten zu sehen, am ehesten in der Dämmerung und nachts. Er gräbt im Boden einen großen Bau, der von vielen nachfolgenden Generationen bewohnt und immer weiter ausgebaut wird. Manchmal wohnen auch Füchse darin. Dachspaare sollen lebenslang zusammenbleiben. Frech sind Dachse nicht, mutig aber schon, denn sie verteidigen ihre Jungen auch gegen größere Raubtiere. „Frech" bedeutete in früherer Zeit einfach „mutig". Im Märchen heißt der Dachs übrigens „Grimbart". Dachse sind Allesfresser: Neben Obst, Wurzeln und Pilzen fressen sie auch Würmer, Schnecken, Vögel und Mäuse sowie Junghasen. Sie plündern sogar die Nester am Boden brütender Vögel.

Schlafen wie ein Dachs

Der Dachs zieht sich im Winter in seinen Bau zurück. Aber er fällt nicht in einen echten Winterschlaf. Er hält längere Ruhezeiten ein. So kann er tagelang schlafen, bevor er sich wieder draußen sehen lässt.

... und ein Marder

Der Dachs ist unser größter heimischer Marder. Kennzeichnend für ihn sind die beiden schwarzen Längsstreifen im sonst weißen Gesicht. Früher war der Dachs für den Menschen von großem Nutzen und wurde stark gejagt. Dachsfett galt als das beste Heilmittel gegen Rheuma. Und aus den Schwanzhaaren stellt man teilweise heute noch Bürsten und hochwertige Rasierpinsel her.

Tierspur: Seite 154

Fuchs

Rotfuchs, *Vulpes vulpes*

Land- und Stadtfüchse

Man braucht nicht in den Wald zu gehen, um einem Fuchs zu begegnen. Er kommt auch mitten in Dörfern, sogar in der Innenstadt von Großstädten vor. Dort wühlt er gern in Mülltonnen, die immer Essbares enthalten. Solche Stadtfüchse bekommt man allerdings in der Regel nur nachts zu sehen.

Er nimmt, was es gibt

Der Fuchs macht als Raubtier am liebsten Jagd auf Kaninchen und Tauben, an die er sich heranpirscht. Aber er kann sich auch von Beeren und anderen Früchten ernähren. Er ist sehr anpassungsfähig. Das ist wohl der Grund, warum er bei uns Menschen als sehr schlau gilt. Sein Fabelname „Reineke" bedeutet ursprünglich „derjenige, der Bescheid weiß".

Die Tollwut

Die Tollwut ist eine tödliche Krankheit, die durch den Biss vieler erkrankter Wildtierarten und vor allem des Haushundes übertragen wird. Als Hauptquelle der Virusinfektion gilt der Fuchs. Deswegen hat man ihn lange Zeit sehr stark gejagt, später auch durch verstreute Hühnerköpfe geimpft. In Deutschland müssen alle Hunde gegen diese Krankheit geimpft sein, und offiziell ist ganz Mitteleuropa tollwutfrei.

Tierspur: Seite 154

Große Hufeisennase

Rhinolophus ferrumequinum

Besser hören

Der merkwürdige Name dieser Fledermaus geht auf den hufeisenartigen Hautlappen auf der Nase zurück. Er leitet die Echos ihrer Schreie zielgenau ins Ohr und verstärkt sie dadurch. Fledermäuse finden sich nachts mit Ultraschallschreien zurecht. Diese Schreie sind so hoch, dass wir Menschen sie nicht hören können.

Die Schallwellen, die die Fledermaus mit ihrem Schrei erzeugt, prallen von Gebäuden, Pflanzen oder anderen Lebewesen ab und geben der Fledermaus Auskunft darüber, wo sich ein Hindernis oder ein leckeres Insekt verbirgt. Das nennt man „Echoortung".

Eine kleine Verwandte

Nun sieht man eine Hufeisennase nur dann von Nahem, wenn man sie im Winterquartier oder in einem Sommerschlafplatz überrascht. Neben ihrer auffälligen Nase erkennst du sie an ihrem schwerfälligen, schmetterlingsartigem Flug. Ihre Flügelspannweite liegt bei 35 Zentimetern.

Gefährdete Tiere

Die Anzahl der Fledermäuse geht bei uns stark zurück. Zum einen gibt es für sie immer weniger Insekten zu fressen. Zum anderen fehlen ihnen auch geeignete Winterquartiere, etwa Kirchtürme, Höhlen, Stollen, Keller und Gewölbe. Auch im Sommer finden die Fledermäuse oft keinen Platz zum Schlafen. Am liebsten sind ihnen Baumhöhlen, doch die gibt es fast nicht mehr. Als Ersatz kann man aber Fledermauskästen aufhängen.

Siebenschläfer

Bilch, *Glis glis*

Vom Winterspeck

Sieben Monate schläft der Siebenschläfer in jedem Fall, manchmal sogar acht, von September bis Anfang Mai. Um diese lange Zeit zu überstehen, muss er sich in den verbleibenden Sommermonaten einen gewaltigen Winterspeck anfressen. Den mochten auch die alten Römer. Sie hielten Siebenschläfer, um sie zu mästen und dann als Delikatesse zu verspeisen.

AHA! Fortpflanzung

Die Fortpflanzung des Siebenschläfers birgt ein Geheimnis. Die Männchen zeugen nur dann viele Nachkommen, wenn im Herbst auch reichlich Nahrung zur Verfügung steht. Wie die Männchen die Ernte im Voraus ahnen, weiß man bis heute nicht.

Jedenfalls haben die Jungtiere wenig Zeit sich genug Speck für den Winterschlaf anzufressen. Sie kommen im August auf die Welt, und erst nach einem Monat öffnen sich ihre Augen, sodass sie auf Nahrungssuche gehen können. Dann müssen sie sich in vier Wochen rund und dick futtern.

Ein Kletterkünstler

Manchmal will man gar nicht glauben, dass so ein zierliches Tier wie der Siebenschläfer auf dem Dachboden so viel Krach machen kann. Mit größter Geschicklichkeit klettert er an senkrechten Wänden entlang. Man kann ihn nicht wirklich mit dem Eichhörnchen verwechseln, denn er wird nur etwas mehr als halb so groß.

Eichhörnchen

Eichkätzchen, *Sciurus vulgaris*

Putziger Baum-Akrobat

Wir alle kennen das putzige Eichhörnchen mit seinem buschigen Schwanz. Er dient beim Springen als Steuerruder und als Fallschirm.

Das Eichhörnchen ist tagsüber unterwegs und kann so zutraulich werden, dass es Nüsse aus unseren Händen holt. Trotzdem eignet es sich nicht als Haustier, denn es würde die ganze Wohnung verwüsten. So niedlich das Tierchen auch ist, wenn es um die Nahrungssuche geht, ist es nicht zimperlich und lässt sich die Eier von Singvögeln schmecken.

Zwei Farben

In der Ebene sind die Eichhörnchen überwiegend rotbraun, im Gebirge schwarzbraun. Ausnahmen von dieser Regel gibt es. Der Bauch dieser Tiere ist immer hell. Eichhörnchenfelle waren früher hochgeschätzt und nur dem hohen Adel vorbehalten.

Ein graues Hörnchen

In Nordamerika lebt das verwandte Grauhörnchen. Vor rund 100 Jahren wurde es in Großbritannien eingebürgert. Mittlerweile verschwinden dort die einheimischen roten Eichhörnchen, während sich die grauen ausbreiten. Entscheidend dabei ist wohl die Tatsache, dass unser heimisches Eichhörnchen unter einer Art Pocken leidet, während die amerikanische Art davon nicht befallen wird.

Tierspur: Seite 154

Wanderratte

Rattus norvegicus

In der Kanalisation

Die Wanderratte stammt vermutlich aus China und hat sich wie die Hausratte im Gefolge des Menschen über die ganze Welt ausgebreitet. Ideale Verhältnisse findet sie in modernen Großstädten, weil sie gern in der Kanalisation lebt und dadurch jedes Haus erreichen kann. In Städten findet die Wanderratte immer genug Abfälle zu fressen.

AHA! Die Hausratte

Die Hausratte ist viel seltener als die Wanderratte. Äußerlich unterscheidet sie sich durch kürzere Ohren und einen kürzeren Schwanz. Sie schwimmt nicht und bewohnt als wärmeliebendes Tier eher die oberen Stockwerke eines Hauses, während die Wanderratte im Keller bleibt. Die Hausratte knabbert Vorräte an und richtet insgesamt mehr Schäden an als die Wanderratte. Die Hausratte war es auch, die im Mittelalter die Pest nach Europa brachte.

Auch im Freiland

Viel häufiger als man denkt, trifft man die Wanderratte auch im Freiland an, besonders an Gewässern in Stadtnähe. Das dämmerungs- und nachtaktive Nagetier baut hier Erdhaufen mit Gängen zu den Nist- und Vorratskammern. Die Wanderratte wühlt und gräbt gern, kann aber auch schwimmen, tauchen und klettern. Im Herbst kehren die Wanderratten meist in die Städte zurück und verbringen dort den Winter.

Tierspur: Seite 154

Igel

Erinaceus europaeus

MACH MIT!

Igelburg

Im Winter brauchen Igel einen warmen Unterschlupf, an dem sie die kalte Jahreszeit verschlafen können. Möchtest du den Igeln helfen? Du kannst ihnen ganz einfach eine kuschelige Behausung bauen.

Als Erstes suchst du einen gemütlichen Platz für die Igelhöhle. Es sollte eine ruhige, schattige, windstille Ecke sein, z. B. in einem Gebüsch. Nun schiebst du einen großen Laubhaufen an deinem gewählten Platz zusammen und bedeckst ihn mit Zweigen – fertig ist die Igelburg!

Wo findest du ihn?

Der Igel ist in der Dämmerung und nachts unterwegs. Dann geht er auf die Suche nach Käfern und Würmern, aber auch Vogeleiern, Schnecken und Aas. Oft hört man ihn eher als dass man ihn sieht, denn er ist schnaufend und grunzend unterwegs. Er bevorzugt lichte Wälder und Feldhecken, ist aber auch in Gärten und Parks zu finden. Als Einzelgänger findet er sich nur zur Paarungszeit mit Artgenossen zusammen. In kühleren Regionen hält der Igel einen Winterschlaf in einem Nest aus Reisig und Laub.

Haare wie Stacheln

Kopf und Bauch sind mit langen rauen Haaren bedeckt. Auf dem Rücken und an den Seiten hat der Igel Stacheln, die im Grunde umgebildete hohle Haare sind. Bei Gefahr kann er die Stacheln aufrichten und sich sogar komplett zu einer Kugel zusammenrollen. Dann schaut nur noch das Schnäuzchen heraus.

Tierspur: Seite 154

Feldhase

Hase, *Lepus europaeus*

Lebensweise

Der Feldhase ist ebenso wie der Igel ein dämmerungs- und nachtaktives Tier. Er gräbt keinen Bau wie das Kaninchen, sondern ruht tagsüber in flachen, geschützten Mulden, die man „Sasse" nennt. Droht Gefahr, drückt er sich an den Boden und flieht erst im letzten Moment. Dabei kann er Geschwindigkeiten von 55 Stundenkilometern erreichen und schlägt Haken, um den Verfolger abzuschütteln. Auffallend am Feldhasen sind seine langen und beweglichen Ohren, „Löffel" genannt. Mit ihnen kann er auch leiseste Geräusche wahrnehmen. Er ist auf Äckern und Wiesen zu finden.

Fortpflanzung

Drei- bis viermal im Jahr bekommen die Weibchen Junge. Die Fortpflanzung weist eine Besonderheit auf: Die Häsin kann während der Trächtigkeit noch einmal fruchtbar werden. Dadurch können sich in ihrer Gebärmutter zwei Embryos, die unterschiedlich weit entwickelt sind, befinden. In kurzer Zeit kann die Häsin so zweimal hintereinander Junge bekommen.

Hasenfuß

Die Scheu des Hasen ist sprichwörtlich geworden, denn man nennt jemanden, der sich nichts traut, „Angsthase" oder „Hasenfuß". Doch auch in Fabeln und Märchen kommt er als „Meister Lampe" vor. Der Bestand der Feldhasen geht in vielen Teilen Europas stark zurück. Als Ursache dafür werden der Einsatz von Dünger und giftigen Mitteln zur Schädlingsbekämpfung in der Landwirtschaft sowie die maschinelle Bearbeitung der Felder angesehen.

Tierspur: Seite 154

Tierspuren

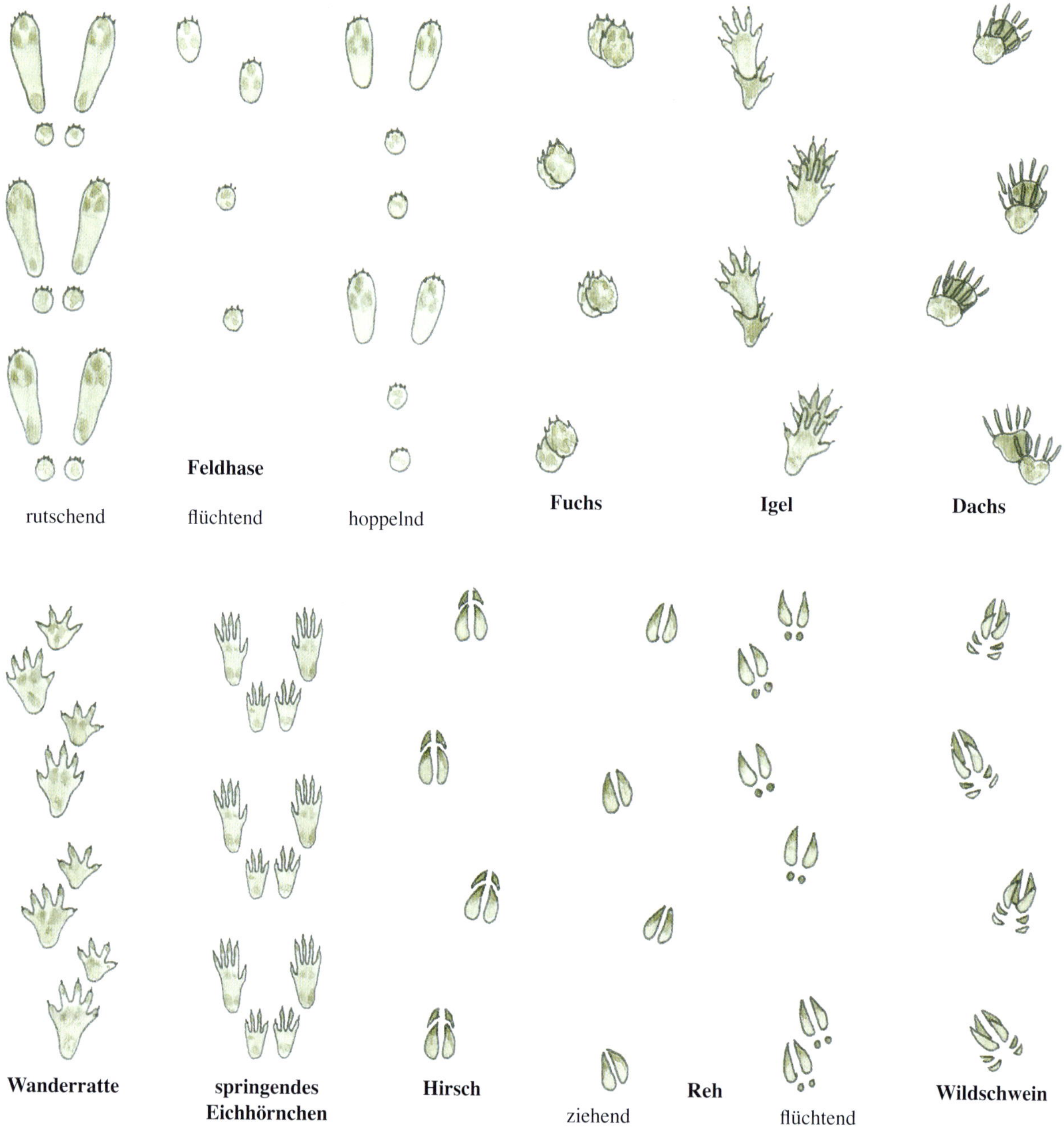

Feldhase			**Fuchs**	**Igel**	**Dachs**
rutschend	flüchtend	hoppelnd			

Wanderratte	**springendes Eichhörnchen**	**Hirsch** ziehend	**Reh** flüchtend		**Wildschwein**

Graureiher **Weißstorch** **Höckerschwan** **Stockente** **Rebhuhn**
Spur im Schnee
Fasan

hüpfende Elster **Rabenkrähe** **Amsel** **hüpfender Spatz** **Ringelnatter**
gehend   hüpfend
Spur im Sand

Stichwortverzeichnis

Aaskrähe 111
Abies alba 12
Accipiter nisus 112
Adlerfarn 31
Aglais urticae 74
Alauda arvensis 109
Alnus glutinosa 20
Amanita muscaria 34
Amsel 98
Anas platyrhynchos 134
Anemone nemorosa 24
Apis mellifica 67
Araneus diadematus 41
Arctia caja 78
Ardea cinerea 129
Argyroneta aquatica 42
Armillaria mellea 37
Austernfischer 131

Betula pendula 17
Bilch 149
Binsenjungfer 44
Birke 17
Blässhuhn 138
Blattflechte 33
Bläuling 77
Blaumeise 96
Bockkäfer 60
Boletus edulis 36
Bombus terrestris 68
Brauner Bär 78
Breitblättriger Rohrkolben 27
Brombeere 22
Buche 15
Buchfink 107
Bufo bufo 92
Buntspecht 123
Buschwindröschen 24
Buteo buteo 114
Butterblume 25

Caltha palustris 25
Capreolus capreolus 143
Carabus coriaceus 55
Cervus elaphus 142
Cetonia aurata 57
Chrysoperla carnea 53
Ciconia ciconia 128
Circus aeruginosus 117
Coccinella septempunctata 61
Corvus corone 111
Cuculus canorus 122
Cyanistes caeruleus 96
Cygnus olor 136
Cyprinus carpio 87

Dachs 146
Dendrocopos major 123
Deutsche Eiche 16
Dotterblume 25
Dreistacheliger Stichling 90
Dytiscus marginalis 65

Eiche 16
Eichelhäher 116
Eichhörnchen 150
Eichkätzchen 150
Eintagsfliege 52
Elster 110
Emberiza citrinella 106
Entenflott 29
Entengrütze 29
Ephemera vulgata 52
Episyrphus balteatus 71
Erdhummel 68
Erdkröte 92
Erinaceus europaeus 152
Erithacus rubecula 108
Erle 20
Esox lucius 86

Fagus silvatica 15
Falco tinnunculus 115
Fasan 119
Feldgrille 47
Feldhase 153
Feldlerche 109
Feuerkäfer 50
Feuerwanze 50
Fichte 13
Fichtenrüsselkäfer 64
Fichtenrüssler 64
Fischreiher 129
Fliegenpilz 34
Florfliege 53
Föhre 14
Forche 14
Forficula auricularia 46
Formica rufa 66
Frauenhaarmoos 32
Fringilla coelebs 107
Fuchs 147
Fulica atra 138

Galium odoratum 30
Garrulus glandarius 116
Gartenkreuzspinne 41
Gasterosteus aculeatus 90
Gauch 122
Gefleckter Schmalbock 60
Gelbrandkäfer 65
Gemeine Wespe 69
Geotrupes stercorarius 58
Gerris lacustris 45
Glis glis 149
Glühwürmchen 54
Goldammer 106
Goldauge 53
Goldfliege 70
Gottesanbeterin 48
Graureiher 129
Große Hufeisennase 148
Gryllus campestris 47

Haematopus ostralegus 131
Haemopis sanguisuga 83
Hainschwebfliege 71
Haliaeetus albicilla 132
Hallimasch 37
Hängebirke 17
Hase 153
Haubentaucher 135
Hauhechelbläuling 77
Haussperling 99
Hecht 86
Herrenpilz 36
Heupferd 49
Hirsch 142
Hirschkäfer 56
Hirundo rustica 125
Höckerschwan 136
Honigbiene 67
Honigpilz 37
Hummel 68
Hylobius abietis 64

Igel 152
Inachis io 72

Kanonenputzer 27
Karpfen 87
Kiebitz 126
Kiefer 14
Kleiber 105
Kleiner Fuchs 74
Kleiner Kohlweißling 73
Kohlmeise 97
Kreuzspinne 41
Kuckuck 122

Lampyris noctiluca 54
Lärche 19
Larix decidua 19
Larus argentatus 139
Laubheuschrecke 49
Lederlaufkäfer 55

Lemna minor 29
Lepus europaeus 153
Lestes sponsa 44
Leuchtkäfer 54
Lucanus cervus 56
Lucilia sericata 70
Lumbricus terrestris 82
Luscinia megarhynchos 104

Macroglossum stellatarum 79
Maikäfer 62
Mantis religiosa 48
Marienkäfer 61
Mäusebussard 114
Meles meles 146
Melolontha melolontha 62
Mistkäfer 58

Nachtigall 104
Natrix natrix 93
Necrophorus vespillo 59
Nymphaea alba 26

Ohrenkneifer 46
Ohrwurm 46

Papilio machaon 76
Parmelia sulcata 33
Parus major 97
Passer domesticus 99
Perdix perdix 118
Pferdeegel 83
Phasianus colchicus 119
Phragmites australis 28
Pica pica 110
Picea abies 13
Pieris rapae 73
Pinus sylvestris 14
Planorbarius corneus 80
Podiceps cristatus 135

Polyommatus icarus 77
Polytrichum commune 32
Posthornschnecke 80
Pteridium aquilinum 31
Pyrrhocoris apterus 50

Quercus robur 16

Rabenkrähe 111
Rana esculenta 91
Ranunculus ficaria 23
Rattus norvegicus 151
Rauchschwalbe 125
Rebhuhn 118
Recurvirostra avosetta 130
Regenwurm 82
Reh 143
Rhinolophus ferrumequinum 148
Ringelnatter 93
Rohrkolben 27
Rohrweihe 117
Rosenkäfer 57
Rotbuche 15
Rote Waldameise 66
Rotfuchs 147
Rothirsch 142
Rotkehlchen 108
Rottanne 13
Rubus fruticosus 22
Rüsselkäfer 64
Rutpela maculata 60

Säbelschnäbler 130
Salix alba 18
Salticus scenicus 40
Scharbockskraut 23
Schilf 28
Schilfrohr 28
Schleie 89

Schmeißfliege 70
Schröter 56
Schusterkäfer 50
Schwalbenschwanz 76
Schwarzdrossel 98
Schwarzerle 20
Schwebfliege 71
Sciurus vulgaris 150
Seeadler 132
Seerose 26
Siebenpunkt 61
Siebenschläfer 149
Silbermöwe 139
Silberweide 18
Silurus glanis 88
Sitta europaea 105
Spatz 99
Spechtmeise 105
Sperber 112
Springspinne 40
Star 100
Steinpilz 36
Stichling 90
Stieleiche 16
Stockente 134
Strix aluco 120
Sturnus vulgaris 100
Sulkatflechte 33
Sumpfdotterblume 25
Sus scrofa 144

Tachypodoiulus niger 81
Tagpfauenauge 72
Tanne 12
Taubenschwänzchen 79
Tausendfüßer 81
Teichfrosch 91
Teichjungfer 44
Tettigonia viridissima 49
Tinca tinca 89

Totengräber 59
Trauerweide 18
Troglodytes troglodytes 102
Turdus merula 98
Turdus pilaris 101
Turmfalke 115
Typha latifolia 27

Upupa epops 124

Vanellus vanellus 126
Vespula vulgaris 69
Vulpes vulpes 147

Wacholderdrossel 101
Waldkauz 120
Waldkiefer 14
Waldmeister 30
Waller 88
Wanderratte 151
Wasserläufer 45
Wasserlinse 29
Wasserspinne 42
Weide 18
Weißbirke 17
Weiße Seerose 26
Weißstorch 128
Weißtanne 12
Wels 88
Wespe 69
Wiedehopf 124
Wildschwein 144

Zaunkönig 102
Zebraspringspinne 40

157